새롭게 바뀐 TOPIK
중고급 쓰기

새롭게 바뀐 TOPIK 중고급 쓰기

초판 발행 2014년 06월 09일
4쇄 발행 2017년 09월 05일

지은이 고경민 · 김영찬 · 박성희 · 송영숙
펴낸이 박찬익
편집장 김려생
책임편집 박예진

펴낸곳 도서출판 박이정
주　　소 서울시 동대문구 천호대로 16가길 4
전　　화 (02)922-1192~3
팩　　스 (02)928-4683
홈페이지 www.pjbook.com
이 메 일 pijbook@naver.com
등　　록 1991년 3월 12일 제1-1182호
ISBN 978-89-6292-657-6 (13710)

* 책값은 뒤표지에 있습니다

새롭게 바뀐
TOPIK 쓰기 중고급

고경민 · 김영찬 · 박성희 · 송영숙 지음

도서출판 박이정

소개

국제 한국어 교육자 협회 소개

　이 책의 출간에 도움을 준 국제 한국어 교육자 협회는 2011년 4월에 창립한 한국어 교사를 위한 단체입니다. 현재 서울시 비영리 단체에 소속 되어 있으며, 한국어 교육으로 봉사를 할 수 있는 봉사수급 단체로 등록되어 있습니다. 2011년 창설 이래 현직의 한국어교사는 물론 한국어 교사를 희망하는 이들을 대상으로 특강 및 워크숍, 교재 편찬, 연구 모임이 이루어졌으며, 현재는 한국뿐만 아니라 일본이나 중국, 태국, 미국 등 다양한 국가의 한국어 교사들과 함께 한국어 교육의 미래와 새로운 도약을 준비하고 있습니다. 또한 한국어 교사의 정보 교류와 친목을 위해 만들어진 '국제 한국어 교육자 협회' 네이버 카페는 네이버 상위 1%의 대표 카페로 자리 매김했으며, 한국어 교사와 한국어 교육을 사랑하는 이들의 보금자리가 되고 있습니다. 앞으로도 우리 협회는 한국어를 사랑하고 한국어 교육을 위해 큰 뜻을 펼치는 모든 이들을 위해 앞장 서서 준비하고 계획할 것입니다.

국제 한국어 교육자 협회 로고 소개

　'ㄱ'과 'ㄴ'의 조화를 바탕으로 한국어를 아끼고 사용하는 교육자들의 열정과 마음을 새싹이 피어나는 모습으로 만들어 보았습니다. 올바른 한국어 교육의 미래와 희망을 키워가는 협회의 취지와 목표를 담고 있습니다.

국제 한국어 교육자 협회의 주요 사업 소개

협회의 주요 목표와 방향

협회는 질적으로 우수한 한국어교사의 재교육을 위한 '연구' 모임을 주목적으로, 국내외 한국어교사를 위한 '지원' 활동, 한국어교사의 자발적인 참여를 통한 '봉사', 끊임없는 자기계발과 미래의 가치 창조를 위한 정보의 '나눔'을 목표로 쉼 없이 달려가고 있습니다.

주요 활동 소개

교재 출판 모임 지원	한국어 교사들의 현장에서의 경험과 지혜를 살릴 수 있는 교재 출판 지원
정기 특강	자칫 정체될 수 있는 한국어 교사의 질적인 성장을 위해 매년 두 차례 이상 각 분야의 전문가를 초청한 특강 실시
연구 모임 지원	자발적으로 문형과 교안을 연구하거나 논문을 준비하는 교사들을 대상으로 구성원 모집 지원 및 장소 지원
한글날 관련 행사	한국어 퀴즈 대회, 부교재 공모전, 사진 콘테스트 등 한글날과 관련한 온·오프라인 행사
한국어교사 지원	한국어 교사에게 필요한 온라인 강좌나 서적 구매, 자원 봉사 활동 등을 할 수 있도록 관련 단체 및 기관과의 협약
온라인 커뮤니티 활성화	네이버 대표 카페 '국제 한국어 교육자 협회'를 통해 채용 정보, 교육 정보 등의 다양한 정보 지원 및 교사 간의 소통의 장 마련

◆ 국제 한국어 교육자 협회 대표 전화 : 0505-3055-114

◆ 대표자 연락처 : 국제 한국어 교육자 협회 회장 고경민(teachingkorean79@gmail.com)

◆ 국제 한국어 교육자 협회 팩스 : 02-6280-1018

◆ 국제 한국어 교육자 협회 누리집 : www.iakll.or.kr

◆ 국제 한국어 교육자 협회 커뮤니티 : http://cafe.naver.com/forkorean

◆ 주소 : (강동사무실) 서울시 강동구 올림픽로 698 민호빌딩 4층
  (구로사무실) 서울시 구로구 구로중앙로 217-1 미성빌딩 5층

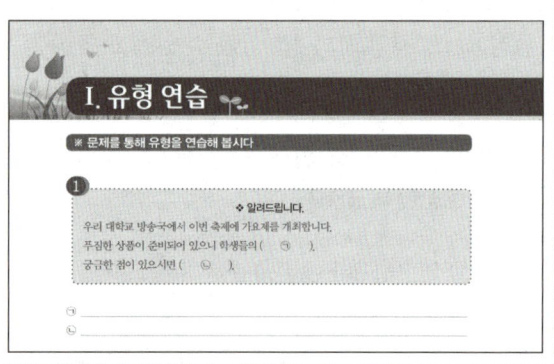
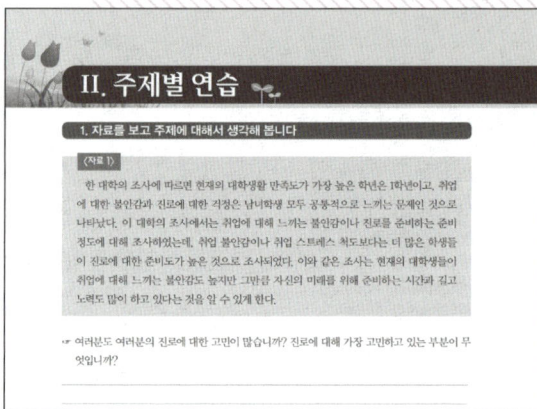

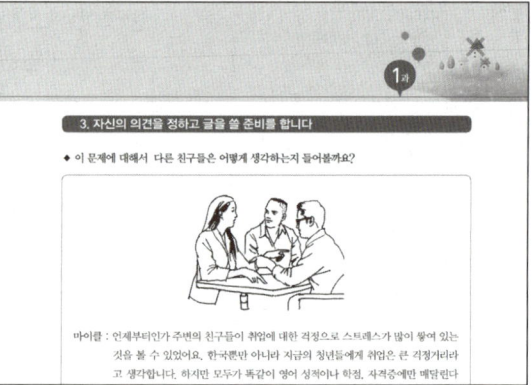

유형연습을 통해 어려운 문제를 연습해 봅시다.	자료를 보고 주제에 대해서 생각해 봅시다.
주제에 대해 더 자세하게 생각해 봅시다.	자신의 의견을 정하고 글을 쓸 준비를 합시다.

일러두기

　유창하게 말하기를 하는 외국인 학생들의 질문 중 "어떻게 하면 작문(쓰기)을 잘할 수 있어요?"라는 질문이 가장 자주 접하는 질문이었던 것 같습니다. 말하기를 잘하는 외국인 학습자들도 쓰기 활동에 대해 부담스러워하거나 기피하는 모습을 현장에서 보면서 '모국인 학생들이 아닌 외국인 학생들을 위한 과정 중심의 작문 교재가 필요하겠다는 생각을 하게 되었습니다. 특히 시험과 관련한 교재를 편찬하면서 글의 구성 원리와 목적을 이해하고 사고 전개 과정을 배양할 수 있으면서 시험에도 대비할 수 있는 교재가 있으면 좋겠다는 생각을 많이 하게 되었습니다. 이 책은 새롭게 바뀌는 한국어능력시험(TOPIK)의 쓰기 시험에 맞춰 글을 쓰는 학습자에게 중점을 두고 편찬되었습니다. 과정 중심 교수법에 근거해서 쓰기 전 단계와 쓰기 단계, 이후의 수정하기 단계(쓰기 후 단계)까지 글을 쓰는 과정과 방법 등 학습자가 스스로 쓰기 전략을 학습할 수 있게 구성하고 있습니다.

　이 책은 혼자 공부하는 학생이나 수업을 통해 배우는 학생 모두가 사용할 수 있도록 제작되었으며, 모범 답안이나 다른 친구들의 답안 내용과 첨삭 내용을 통해 자신이 작성한 글을 직접 평가할 수 있는 장치도 마련하고 있습니다. 크게 '유형 연습'과 '주제별 연습'으로 나누고, '유형 연습'에서는 토픽 시험의 '괄호 넣기 유형'에 대비할 수 있는 문제를 수록했고, '주제별 연습'에서는 과정에 충실한 쓰기 연습을 제시했습니다. '주제별 연습'은 다시 '생각해 보기', '주제 생각하기', '생각 정리하기', 'TOPIK 대비 실전 글쓰기'로 구분하여 써야 할 글의 목적과 내용을 충분히 생각해 보고 자신의 배경 지식을 최대한 활용하여 글을 쓸 수 있도록 하였습니다.

● **감사의 글**
학생 모범 답안에 참여해준 올가, 베튤, 케빈, 천레이, 리위, 후아남 학생에게 특별히 큰 감사의 마음을 전합니다.

내용 구성

과	제목	학습목표	추천문형
1	진로 선택과 취업에서 가장 필요한 것은 무엇인가	진로 선택을 할 때 주의해야 할 것들 서술하기	-고자, -고자 하다
2	대중문화를 어떻게 대할 것인가	대중 문화의 의의와 한계 서술하기	-기도 하다
3	우리는 진정한 다문화 사회로 가고 있는가	다문화 사회의 광범위한 의미를 서술하기	-다(가) 보면
4	개인과 집단, 무엇을 우선시해야 하는가	개인과 집단의 변증법적 발전 과정 파악하기와 서술하기	-도록
5	소통의 올바른 방법은 무엇인가	더불어 살아가는 방법 모색하기	-더라도
6	다수의 선택은 항상 옳은가	다수결의 의의와 한계 파악하기와 서술하기	-ㅁ/음에도 불구하고
7	인터넷 쇼핑이 경제에 미치는 영향은 무엇인가	새로운 형태의 쇼핑 문화와 기존 문화 비교 서술하기	-ㄴ/은/는 반면
8	표현의 자유 어디까지 지켜져야 하는가	실명제의 장단점을 비판적으로 서술하기	-으로(서)/ -으로(써)
9	인간이 인간의 생존을 결정할 권리가 있는가	죄와 인간의 존엄성에 대해 비판적으로 서술하기	-(이)니만큼/ -(으)니만큼
10	아이디어도 재산이 될 수 있는가	저작권의 의미 이해하고 논증하기	-ㄹ/을 뿐더러
11	체육의 효용성은 무엇인가	체육의 효용성에 대해 창의적으로 사고하고 서술하기	-ㄹ/을 뿐만 아니라
12	환경은 이용의 대상인가 보호의 대상인가	원자력 발전과 관련하여 환경 문제 논증하기	-는 탓에/ -ㄴ/은 탓에

차례

소 개	4
일러두기	7
내용구성	8
제 1 과 진로 선택과 취업에서 가장 필요한 것은 무엇인가?	11
제 2 과 대중문화를 어떻게 대할 것인가?	25
제 3 과 우리는 진정한 다문화 사회로 가고 있는가?	39
제 4 과 개인과 집단, 무엇을 우선시해야 하는가?	53
제 5 과 소통의 올바른 방법은 무엇인가?	67
제 6 과 다수의 선택은 항상 옳은가?	83
제 7 과 인터넷 쇼핑이 경제에 미치는 영향은 무엇인가?	99
제 8 과 표현의 자유 어디까지 지켜져야 하는가?	113
제 9 과 인간이 인간의 생존을 결정할 권리가 있는가?	129
제10과 아이디어도 재산이 될 수 있는가?	145
제11과 체육 교육의 효용성은 무엇인가?	159
제12과 환경은 이용의 대상인가 보호의 대상인가?	175

부록

1. 학생답안과 첨삭의 예	191
2. 토픽 시험 전략	207
3. 모범답안	217

Chapter 1

진로 선택과 취업에서 가장 필요한 것은 무엇인가?

I. 유형 연습

※ 문제를 통해 유형을 연습해 봅시다

1

❖ 알려드립니다.

우리 대학교 방송국에서 이번 축제에 가요제를 개최합니다.
푸짐한 상품이 준비되어 있으니 학생들의 (㉠   ).
궁금한 점이 있으시면 (㉡   ).

㉠ _____
㉡ _____

2

❖ 휴업 안내

우리 목욕탕은 시설물 수리 관계로 당분간 (㉠   ).
시설물 수리가 끝나는 즉시 (㉡   ).

㉠ _____
㉡ _____

1과

문형 제안 [토픽 고빈도 문형]

-고자, -고자 하다 :
어떤 행동을 하는 목적이나 의도, 희망, 바람 등을 나타내는 어미

예 선생님을 만나<u>고자</u> 한국에 왔습니다. (목적)
　　우리는 내일 떠나<u>고자</u> 합니다. (의지, 희망)

3

　　행복하다는 말은 불행이 없다는 의미가 아니다. 우리가 말하는 불행이라고 생각하는 것들을 긍정적인 마음으로 대처하고 받아들이기 위해 노력할 때 행복이 찾아온다고 할 수 있다. 하지만 우리는 조금만 좋지 않은 일이 생겨도 쉽게 불행하다고 생각하고 자신은 행복과 거리가 멀다고 생각한다. 그렇기 때문에 행복한 마음을 얻기 위해서는 어떤 일이든 (㉠)이 필요하다. 왜냐하면 부정적인 생각은 (㉡)

㉠ _____
㉡ _____

4

　　현대 사회에서는 물질적인 가치를 중요하게 여기다 보니 사람들과의 관계를 소홀히 생각하고 공공의 이익과 발전보다는 개인과 특정 집단의 이익을 앞세우기도 한다. 과거에 비해 물질적으로 풍족한 삶을 살고 있지만 현대인은 늘 (㉠) 다시 말해 (㉡)

㉠ _____
㉡ _____

II. 주제별 연습

1. 자료를 보고 주제에 대해서 생각해 봅시다

<자료 1>

한 대학의 조사에 따르면 현재의 대학 생활 만족도가 가장 높은 학년은 1학년이고, 취업에 대한 불안감과 진로에 대한 걱정은 남녀 학생 모두 공통적으로 느끼는 문제인 것으로 나타났다. 이 대학의 조사에서는 취업에 대해 느끼는 불안감이나 진로를 준비하는 준비 정도에 대해 조사하였는데, 취업 불안감이나 취업 스트레스 척도보다는 더 많은 학생들이 진로에 대한 준비도가 높은 것으로 조사되었다. 이와 같은 조사는 현재의 대학생들이 취업에 대해 느끼는 불안감도 높지만 그만큼 자신의 미래를 위해 준비하는 시간도 길고 노력도 많이 하고 있다는 것을 알 수 있게 한다.

☞ 여러분도 진로에 대한 고민이 많습니까? 진로에 대해 가장 고민하고 있는 부분이 무엇입니까?

_____

_____

<자료 2>

한국 고용노동부는 지난 2000년대 초반 취업을 준비하는 청년들이 꼽았던 취업을 위한 5대 스펙(specification)이 최근 8대 스펙으로 바뀌었다고 밝힌 바 있다. '스펙'이란 취업을 앞둔 청년들이 취업에 필요한 각종 어학점수나 대학 성적 등을 통틀어 가리키는 말이다. 그동안은 학벌, 학점, 토익, 어학연수, 자격증 등의 다섯 가지가 여기에 포함되었는데 취업이 어려워지면서 여기에 봉사, 인턴, 수상경력 등이 추가된 것이다. 기업에서는 이러한 스펙이 필수조건은 아니라고 말하지만 취업을 앞둔 청년들에게는 '스펙'을 만드는 것이 큰 고민인 것으로 밝혀졌다.

☞ 여러분도 위와 같은 뉴스를 본 적이 있습니까? 여러분이 생각하기에 취업을 위해 꼭 필요한 것은 무엇입니까?

_____

1과

---

2. 주제에 대해 더 자세하게 생각해 봅시다

◆ 취업과 진로에 대한 자신의 생각을 적어 보십시오.

질문1 진로를 결정하는 데 필요한 것은 무엇인가?

첫 번째	두 번째	세 번째

질문2 취업을 하기 위해 어떤 노력이 필요할까?

첫 번째	두 번째	세 번째

◆ 여러분은 다음 중 어느 의견에 동의합니까? 자신의 생각과 같은 주장에 V표 하고 그 이유를 써 봅시다.

주장	선택
㉠ 취업을 위해 무작정 스펙을 쌓는 것보다는 내가 하고 싶은 일을 정확히 아는 것이 더 중요하다.	
㉡ 하고 싶은 일을 찾는 것도 중요하지만 다른 친구들이 준비하는 스펙을 먼저 준비하는 것이 더 중요하다.	

나는 두 가지 의견 중 (　)의견에 동의합니다. 왜냐하면 _____
_____
_____
_____
_____.

3. 자신의 의견을 정하고 글을 쓸 준비를 합니다

◆ 이 문제에 대해서 다른 친구들은 어떻게 생각하는지 들어볼까요?

마이클 : 언제부터인가 주변의 친구들이 취업에 대한 걱정으로 스트레스가 많이 쌓여 있는 것을 볼 수 있었어요. 한국뿐만 아니라 지금의 청년들에게 취업은 큰 걱정거리라고 생각합니다. 하지만 모두가 똑같이 영어 성적이나 학점, 자격증에만 매달린다면 대학에서의 자기 계발이나 주변 친구들과의 인간 관계에 좋지 않은 영향도 있을 것 같아요. 대학에서의 공부는 전공 과목이나 교양 과목 등을 고루 듣고, 자기에게 맞는 길을 찾는 것이 중요한 것 같아요. 모두가 스펙을 쌓기 위해서만 노력한다면 대학 생활이 너무 딱딱해지지 않을까요?

왕웨이 : 마이클 씨처럼 걱정하는 것도 당연하다고 생각합니다. 하지만 나와 경쟁하는 친구들은 이런저런 스펙을 쌓고 있는데 나 혼자 준비하지 않는 것도 문제가 될 것 같아요. 평생 해야 할 일을 신중하게 선택하는 것은 중요하지만 우선은 다른 친구들과 비슷한 자격은 갖추는 것이 더 중요하지 않을까요? 더 시간이 지나면 정작 준비하고 싶어도 시간이 부족할 수도 있고요. 일단은 다른 사람들과 경쟁할 수 있는 자격을 먼저 준비한다면 자신의 진로를 결정하는 데에도 도움이 될 것 같습니다.

미후라 : 두 사람의 말이 모두 틀린 것은 아니라고 생각해요. 대학에 입학해서 졸업을 앞

둔 지금 시대의 청년들에게 취업이나 진로 선택은 가장 중요한 일이니까요. 나중을 생각한다면 신중하게 선택하는 것이 중요하지만 그렇다고 다른 친구들과 너무 차이가 생기는 것도 오히려 스트레스가 될 수 있다고 생각합니다. 제 생각에는 철저하게 계획표를 작성해서 자기에게 필요한 스펙을 먼저 준비하는 것이 방법이 될 것 같습니다. '스펙'을 쌓는 것이 목표가 아니라 자기가 이루고 싶은 꿈이나 가고 싶은 진로를 정하고 거기에 필요한 스펙을 준비하는 것이 중요할 것 같아요.

◆ 올바른 진로 설정을 위해 무엇이 필요할까요?

1. 취업을 준비하기 위해 가장 먼저 해야 할 일은 무엇일까요?	
2. '스펙을 쌓는 것'이 취업이나 진로 결정에 도움이 될까요?	
3. 취업과 진로 결정을 위해 내가 할 수 있는 일은 무엇이 있을까요?	

4. TOPIK 대비 실전 글쓰기

◎ Topik 짧은 글쓰기

다음 표를 보고 취업을 위해 '스펙'을 만드는 것에 대한 본인의 생각을 200~300자로 쓰십시오.

〈취업을 위해 스펙을 쌓는 것〉

스펙이 필요한 이유는 무엇인가?	스펙만 생각하면 무엇이 문제인가?
① 내 능력을 증명할 수 있고, 다른 사람들과 경쟁할 때 유리하다.	① 다른 사람들과의 경쟁으로 인해 지나치게 스트레스를 받을 수 있다.
② 스펙을 준비하면서 자기 계발도 할 수 있다.	② 스펙을 쌓는 것만 생각하면, 자신이 정말 하고 싶은 일을 찾지 못할 수 있다.

1과

◎ Topik 긴 글쓰기

다음을 주제로 하여 자신의 생각을 600~700자로 글을 쓰십시오.

> 현대사회는 수많은 직업이 존재하기 때문에 자신에게 맞는 직업을 찾는 것은 쉬운 일이 아니다. 자신에게 맞는 진로를 결정하고 준비하는 데에 필요한 것은 무엇인지 아래의 내용을 중심으로 주장하는 글을 쓰십시오.

- 취업이나 진로를 결정할 때 가장 먼저 해야 할 일은 무엇인가?
- 지나친 취업 경쟁이나 준비로 인해 발생하는 문제는 무엇인가?
- 올바른 진로 설정을 위해 우리에게 필요한 것은 무엇인가?

❖ 글의 개요를 간략하게 정리해 봅시다.

단계	중심내용	내용	핵심어휘
도입	중심내용 1	① 취업이나 진로 결정이 중요한 이유	
		② 진로를 결정할 때 무엇을 먼저 생각해야 하는가?	
전개	중심내용 2	③ 스펙을 쌓는 것의 의미는 무엇일까?	
		④ 지나치게 과열된 취업 준비의 문제점은 없을까?	
정리	중심내용 3	⑤ 과열된 취업 경쟁을 해결할 수 있는 방법은 무엇일까?	
		⑥ 자신이 진정 원하는 진로를 결정하기 위해 무엇이 가장 필요할까?	

❖ 원고지에 주어진 조건에 맞추어 써 보십시오.

❖ 채점 기준에 어긋난 것은 없는지 점검해 보십시오.

구분	채점 근거	점수 구분		
		상	중	하
내용 및 과제 수행 (18점)		6~5점	4~3점	2~0점
	1) 주어진 과제를 충실히 수행하였는가?			
	2) 주제와 관련된 내용으로 구성하였는가?			
	3) 내용을 풍부하고 다양하게 표현하였는가?			
글의 전개 구조 (18점)		6~5점	4~3점	2~0점
	1) 시작과 마무리를 적절하게 구성하였는가?			
	2) 내용 전개의 긴밀성이 있는가?			
	3) 내용의 전환에 따라 문단을 적절히 구성하였는가?			
언어 사용 (10점)	언어의 다양성 (5점)	5~4점	3~2점	1~0점
	언어의 정확성 (5점)	5~4점	3~2점	1~0점
사회언어학적 기능 (4점)	구어적 특징이 드러나는 어휘나 문법 (종결형, 어미, 조사 등)을 사용하지 않고 문어의 특성을 살려 글을 썼는가?	4점	3점	2~0점
			총점	점

Chapter 2

대중문화를 어떻게 대할 것인가?

I. 유형 연습

※ 문제를 통해 유형을 연습해 봅시다

1

❖ 체험 수기를 모집합니다.

서울시에서 외국 유학생의 한국 체험 수기를 모집합니다. 체험 수기에는 자신이 한국에서 겪은 일들을 (㉠). 직접 접수는 하지 않고 있으니 인터넷을 통한 접수나 (㉡).

㉠ _____
㉡ _____

2

❖ 알려 드립니다.

우리 아파트에서는 주민들의 기금을 모아 헬스장을 마련하였습니다. 운동에 관심이 있으신 분들은 (㉠). 주말과 저녁 8시 이후에는 운영을 하지 않고 있으니 (㉡).

㉠ _____
㉡ _____

2과

3
　청소년들이 자신의 여가 시간에 가장 많이 하는 활동 중의 하나가 TV를 시청하는 일이다. 청소년들은 TV를 시청하면서 유익한 정보를 얻기도 하고, 스트레스를 풀기도 한다. 하지만 지나친 TV 시청은 (　㉠　) 따라서 (　㉡　).

㉠ _____
㉡ _____

문형 제안 [토픽 고빈도 문형]

–기도 하다 :
어떤 일의 가능성이 있다는 것을 말하거나 가끔 일어나는 일을 말할 때 사용

예　나는 가끔 밥을 먹지 않고 라면을 먹<u>기도 한다</u>.
　　(자주 일어나는 일이 아닌 가끔 일어나는 일)
　　다른 사람을 돕는 일은 스스로를 행복하게 하<u>기도 한다</u>.
　　(선행절의 일이 후행절의 일을 가능하게 할 수 있다.)

4
　사람에게는 저마다 이루고 싶은 꿈이 있지만 모든 사람이 공통적으로 바라는 것이 있다면 행복해지고 싶은 마음일 것이다. 물질적인 풍요를 행복이라고 생각하는 사람도 있고, 건강을 최고의 행복으로 생각하는 사람도 있다. 그렇기 때문에 행복은 다른 사람이 평가해 주는 것이 아니라 (　㉠　) 왜냐하면 (　㉡　).

㉠ _____
㉡ _____

II. 주제별 연습

1. 자료를 보고 주제에 대해서 생각해 봅시다

〈자료 1〉

한국어 교육기관인 '세종학당'에서 공부하는 외국인 학생들에게 한국어를 공부하는 이유를 묻는 설문조사 결과 가장 많이 응답한 내용은 '한국의 대중문화'였다. 수강생의 33%에 해당하는 인원이 한국의 '음악, 드라마, 영화' 등 대중문화에 대한 관심이 한국어를 공부하는 이유로 밝혀 대중문화가 미치는 영향이 얼마나 큰 지를 실감하게 했다. 이는 19%를 차지한 '취업'이나 16%를 차지한 '학업 목적'과 큰 차이를 보이고 있어 외국인 유학생에 대한 '대중문화'의 이해와 올바른 전달이 중요하다는 것을 증명하는 사례로 볼 수 있다.

☞ 여러분은 한국의 대중문화에 대해 얼마나 알고 있습니까? 여러분이 좋아하는 한국의 대중문화는 무엇입니까?

_____

_____

〈자료 2〉

청소년들의 대중문화에 대한 관심이 높아지면서 연예인에 대한 관심이나 열기도 높아지고 있다. 팬덤(fandom)문화는 이러한 현상을 대변하는 말로써 특정한 인물이나 집단을 열성적으로 좋아하는 현상을 말한다. 이러한 팬덤 문화는 사회가 변화면서 생긴 새로운 문화로 볼 수도 있지만 자칫 팬들의 집단 충돌이나 사이버 테러와 같은 문제를 일으킬 수도 있다. 또한 자신의 정체성과 자아를 발견하고 발전시켜야 할 청소년 시기에 연예인에 대한 지나친 관심과 열정은 청소년 자신에게도 부정적인 영향을 끼칠 수 있다.

☞ 대중문화에 대한 지나친 관심은 자신이 해야 할 일을 못하게 하거나 자신의 개성을 잃어버릴 수도 있습니다. 여러분도 이러한 경험이 있습니까?

_____

_____

2. 주제에 대해 더 자세하게 생각해 봅시다

◆ 자신이 생각하는 대중문화에 대한 생각을 아래 표에 적어 보십시오.

질문1 대중문화의 긍정적인 측면은 무엇입니까?

첫 번째	두 번째	세 번째

질문2 대중문화의 부정적인 측면은 무엇입니까?

첫 번째	두 번째	세 번째

대중 문화가 끼치는 긍정적인 영향은 무엇일까?

대중 문화가 끼치는 부정적인 영향은 무엇일까?

◆ 여러분은 다음 중 어느 의견에 동의합니까? 자신의 생각과 같은 주장에 V표 하고 그 이유를 써 봅시다.

주장	선택
㉠ 대중문화는 현대인에게 긍정적인 영향이 더 크다고 생각합니다.	
㉡ 대중문화의 부정적인 측면을 더 중요하게 생각해야 합니다.	

나는 두 가지 의견 중 (　)의견에 동의한다. 왜냐하면 _____

_____

_____

_____

_____

_____.

3. 자신의 의견을 정하고 글을 쓸 준비를 합시다

◆ 이 문제에 대해서 다른 친구들은 어떻게 생각하는지 들어볼까요?

마이클 : 대중문화는 오늘날 대중사회를 보다 풍요롭고 즐겁게 하는 역할을 한다고 생각합니다. 우리는 TV나 인터넷을 통해 다양한 정보를 얻을 수도 있고, 모두가 공감할 수 있는 소재를 얻을 수도 있습니다. 또 다른 나라의 문화에 대해 관심을 갖는 경우도 대부분은 대중문화에 대한 관심에서 시작된다고 할 수 있습니다. 대중문화는 그만큼 우리 삶에서 빼놓을 수 없는 중요한 역할을 한다고 생각합니다.

왕웨이 : 그렇다고 해서 대중문화가 모두에게 긍정적인 영향만 주는 것은 아니라고 생각합니다. 청소년들의 경우 유행을 따르는 옷차림이나 말투, 대중가요 등의 영향을 많이 받게 됩니다. 그렇게 하다 보면 자신들의 개성을 잃을 수도 있다고 생각합니다. 특히 대중문화가 상업적인 성격을 지니고 있기 때문에 자칫 한 방향으로 치우칠 수도 있습니다. 일부 청소년들의 팬덤 문화를 보면 무조건 대중문화를 받아들이는 것은 문제가 생길 수 있다는 점을 알 수 있습니다.

미후라 : 왕웨이의 말처럼 대중문화는 잘못 이용되는 경우 상업적인 문화만 만들어 내거나 똑같은 문화만 만들어 낼 수도 있습니다. 그렇다고 해서 현대인의 삶에서 대중문화를 제외할 수는 없습니다. 대중문화가 그만큼 현대인의 삶과 직접적인 관계를 맺고 있기 때문입니다. 그렇기 때문에 대중문화에 대한 올바른 이해가 필요하

> 고 이를 위해 '문화 교육'이 필요하다고 생각합니다. 문화와 예술 교육을 통해 창의적인 생각을 할 수 있고, 다양한 가치를 배울 수 있다면 대중문화를 올바르게 이해할 수 있을 것이라 생각합니다.

◆ 대중문화를 올바르게 이해하고 받아들이기 위해서는 무엇이 필요하다고 생각합니까?

1. 현대인의 삶에서 대중문화의 역할을 적어 봅시다.	
2. 대중문화를 올바르게 이해하기 위해 필요한 것은 무엇입니까?	
3. 앞에서 '왕웨이'가 이야기한 대중문화의 부정적인 측면을 해결할 수 있는 방법은 무엇입니까?	

4. TOPIK 대비 실전 글쓰기

◎ **Topik 짧은 글쓰기**

다음 표를 보고 대중문화에 대한 자신의 생각을 200~300자로 쓰십시오.

〈대중문화의 장단점〉

대중문화의 장점은 무엇인가?	대중문화의 단점은 무엇인가?
① 누구나 편하고 쉽게 문화를 즐길 수 있다.	① 다른 사람이나 유행을 지나치게 쫓게 되면 자신의 개성을 잃을 수 있다.
② 많은 문화가 생산되어 다양하게 문화 혜택을 누릴 수 있다.	② 상업적인 문화만 생산될 수도 있다.

◎ Topik 긴 글쓰기

다음을 주제로 하여 자신의 생각을 600~700자로 글을 쓰십시오.

최근 대중문화가 우리의 삶과 아주 밀접해지면서 우리에게 긍정적인 영향을 주기도 하지만 부정적인 영향을 끼치기도 합니다. 대중문화를 대하는 올바른 태도에 대해 아래의 내용을 중심으로 주장하는 글을 쓰십시오.

· 대중문화란 무엇인가?
· 대중문화의 긍정적인 측면과 부정적인 측면은 무엇인가?
· 대중문화를 올바르게 즐기기 위해 필요한 것은 무엇인가?

❖ 글의 개요를 간략하게 정리해 봅시다.

단계	중심내용	내용	핵심어휘
도입	중심내용 1	① 대중문화란 무엇인가?	
		② 현대 사회에서 대중문화의 역할은 무엇인가?	
전개	중심내용 2	③ 대중문화의 긍정적인 측면	
		④ 대중문화의 부정적인 측면	
정리	중심내용 3	⑤ 대중문화를 받아들이는 올바른 자세는 무엇인가?	
		⑥ 대중문화를 올바르게 받아들이기 위해 무엇이 필요한가?	

❖ 원고지에 주어진 조건에 맞추어 써 보십시오.

❖ 채점 기준에 어긋난 것은 없는 지 점검해 보십시오.

구분	채점 근거	점수 구분		
		상	중	하
내용 및 과제 수행 (18점)		6~5점	4~3점	2~0점
	1) 주어진 과제를 충실히 수행하였는가?			
	2) 주제와 관련된 내용으로 구성하였는가?			
	3) 내용을 풍부하고 다양하게 표현하였는가?			
글의 전개 구조 (18점)		6~5점	4~3점	2~0점
	1) 시작과 마무리를 적절하게 구성하였는가?			
	2) 내용 전개의 긴밀성이 있는가?			
	3) 내용의 전환에 따라 문단을 적절히 구성하였는가?			
언어 사용 (10점)	언어의 다양성 (5점)	5~4점	3~2점	1~0점
	언어의 정확성 (5점)	5~4점	3~2점	1~0점
사회언어학적 기능 (4점)	구어적 특징이 드러나는 어휘나 문법 (종결형, 어미, 조사 등)을 사용하지 않고 문어의 특성을 살려 글을 썼는가?	4점	3점	2~0점

총점 _____ 점

Chapter 3

우리는 진정한 다문화 사회로 가고 있는가?

I. 유형 연습

※ 문제를 통해 유형을 연습해 봅시다

1

❖ 친구들을 만나고 싶어요

저는 베트남에서 온 미티앤입니다. 저의 취미는 친구와 이야기하기와 뜨개질입니다. 그래서 저와 함께 이야기하면서 (㉠). 같이 취미활동을 하다 보면 금방 친해질 것입니다. 저와 친구가 되고 싶으시면 (㉡).

㉠ _____
㉡ _____

문형 제안 [토픽 고빈도 문형]

−다(가) 보면 :
1. 앞 문장으로 뒤 문장이 예상 가능할 때 쓰인다.
2. 추측할 때 쓰인다.

예 너무 피곤하다 보면 실수하게 마련이에요
   ↳ 앞 문장의 결과로 뒤 문장을 예상할 수 있음

2

학교에 다문화 학생들이 늘면서 '여러 나라를 이해하는 시간'을 마련하는 학교가 많아지고 있다고 한다. 학생들이 다른 나라의 문화를 배우는 이유는 (㉠). 이 시간에는 한국에서 결혼해 살고 있는 외국인 어머니들이 전통의상, 놀이기구 등을 이용해 (㉡).

ㄱ _____
ㄴ _____

3

우리는 나와 다른 것을 좋지 않거나 잘못된 것으로 생각하는 경우가 있는데, 다른 것이 틀린 것은 아니다. 나와 다른 것도 인정하고 이해하려고 노력해야 한다. 그러므로 우리는 피부색이나 문화가 다른 사람을 대할 때에도 (ㄱ). 그렇지 않으면 (ㄴ).

ㄱ _____
ㄴ _____

4

❖ **한국어 말하기 대회 안내**

· 대상 : 외국에서 시집 온 결혼 이민자
· 내용 : (ㄱ) 있었던 기쁜 일과 슬픈 일
· 시간과 장소 : 2월 1일 한국대학교 한국관 205호
· 수상 : 1, 2, 3 등과 참가상을 드리오니 자신의 말하기가 끝난 후에 바로 돌아가지 마시고 (ㄴ)

ㄱ _____
ㄴ _____

II. 주제별 연습

1. 자료를 보고 주제에 대해서 생각해 봅시다

<자료 1> 직장 생활

　최근 한국에서 대학을 졸업하고 대기업 취업에도 성공한 C씨(필리핀, 28세)는 큰 기대를 하고 신입 직원 연수에 참여했다. 그러나 날이 갈수록 언어적 어려움, 생활 방식의 차이, 그리고 문화적 차이 등으로 어려움을 겪고 있다. C씨에 의하면 공적인 업무 처리보다는 사적인 공간에서 이러한 어려움은 더 심해진다고 한다. 가령, 언어적 차이로 인해 쉬는 시간에 사적인 농담에 참여할 수 없는 것은 물론, 일이 끝나고도 상사가 퇴근할 때까지 회사에 남아 있어야 하는 사내 분위기나, 늦게까지 이어지는 회식 등은 아직도 C씨에게는 받아들이기 어려운 것이 사실이기 때문이다.

☞ 여러분도 진로에 대한 고민이 많습니까? 진로에 대해 가장 고민하고 있는 부분이 무엇입니까?

_____
_____

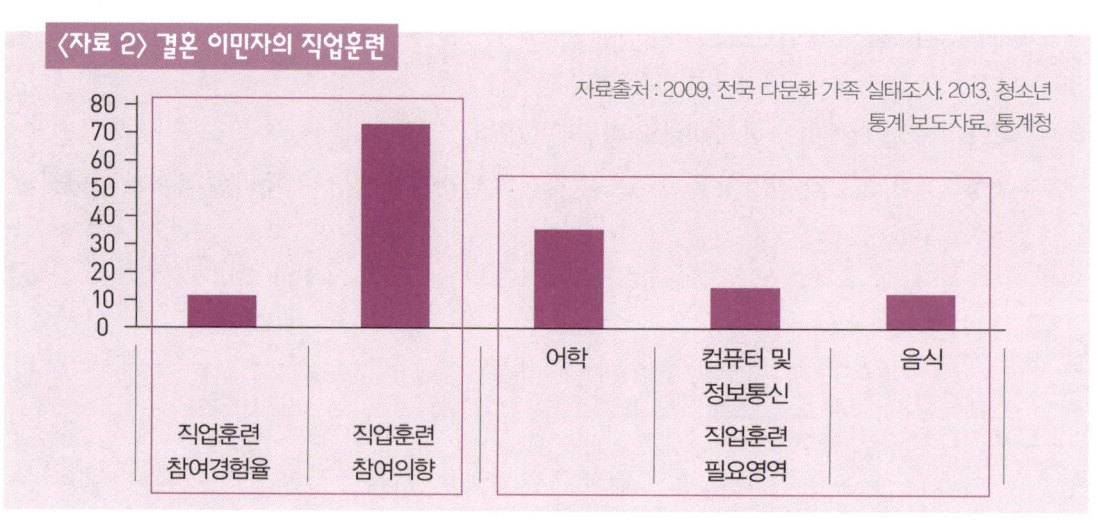

<자료 2> 결혼 이민자의 직업훈련

☞ 위의 자료들을 통해, 한국이 점차 다문화 사회로 가고 있다고 예상할 수 있겠습니까?

☞ 여러분이 정부 정책을 만드는 사람이라면 위의 표를 보고 어떤 교훈을 얻을 수 있겠습니까?

2. 주제에 대해 더 자세하게 생각해 봅시다

◆ 다문화 사회에 대한 자신의 생각을 써 보십시오.

질문1 다문화 사회에서 예상되는 충돌은 무엇입니까?

첫 번째	두 번째

질문2 그 충돌을 최소화하기 위해 필요한 자세는 무엇입니까?

첫 번째	두 번째

◆ 여러분은 다음 중 어느 의견에 동의합니까? 자신의 생각과 같은 주장에 V표 하고 그 이유를 써 봅시다.

주장	선택
㉠ 한국은 이미 다문화 사회이고 대부분의 한국 사람들은 외국인들에게 열린 마음을 가지고 있다.	
㉡ 아직 한국을 다문화 사회라고 하기는 어렵고 성공적인 다문화 사회가 되기 위해서는 지속적인 교류와 대화 등 아직 해야 할 일이 많다.	

나는 두 가지 의견 중 (　) 의견에 동의한다. 왜냐하면 _____
_____
_____
_____
_____
_____ .

3. 자신의 의견을 정하고 글을 쓸 준비를 합시다

◆ 이 문제에 대해서 다른 친구들은 어떻게 생각하는지 들어볼까요?

마이클 : 저는 앞으로 한국이 성공적인 다문화 사회가 되는 것이 멀지 않은 일이라고 생각합니다. 왜냐하면 한국 사람들은 회사에서 함께 일하는 동료들끼리 같이 식사를 합니다. 우리 같은 외국인도 한국인과 함께 식사나 회식을 하면서 많은 대화를 나눌 수 있고 이를 통해 서로를 더 잘 이해할 수 있다고 생각합니다.

왕웨이 : 마이클의 이야기에도 어느 정도 동의하지만, 아직까지 한국 사람들은 한국 사람들끼리 만나고 이야기하는 것을 더 편하게 생각하는 것 같습니다. 또한 언어를 배우고 사용하는 과정에서도 소수의 언어를 사용하는 사람들은 어려움을 겪고 소외되는 경우가 있습니다. 아직까지 이런 소수자에 대한 배려가 부족한 것이 문제라고 생각합니다.

미후라 : 문제가 있는 것도 사실이지만, 한국 사회가 다문화 사회로 바뀌고 있다는 있는 것은 분명한 것 같습니다. 또 요즘은 외국어를 유창하게 하는 한국인이나 한국어를 유창하게 하고 한국 문화를 잘 이해하는 외국인이 점차 늘고 있습니다. 타문화에 대해 서로가 이해하고 존중할 수 있는 문화가 마련된다면 한국도 세계적으로 인정받는 다문화 국가가 될 수 있을 것입니다.

◆ 모두가 행복한 다문화 사회를 위해 우리가 할 수 있는 것은 무엇이 있습니까?

1. 한국이 다문화사회라는 것을 무엇을 보고 알 수 있습니까?	
2. 한국에 살면서 불편하다고 생각한 것은 무엇이 있습니까?	
3. 한국에 성공적으로 적응한 사람이 있다면 그 이유는 무엇일까요?	

4. TOPIK 대비 실전 글쓰기

◎ Topik 짧은 글쓰기

다음 표를 보고 한국적 다문화의 특성은 무엇인지 200~300자로 쓰십시오.

〈한국적 다문화의 장단점〉

한국적 다문화의 장점	한국적 다문화의 단점
① 한국에는 원래 자기 것을 함께 나누는 문화가 있었다.	① 아직 다문화에 대해 모르는 사람이 많다.
② 같은 공동체의 사람들끼리는 함께 밥을 먹는 가족과 같다고 생각할 만큼 한국 사람들은 정이 많다.	② 오랫동안 단일 민족으로 생활해 왔기 때문에 외국인을 멀리 하려는 경향이 강하다.

3과

◎ Topik 긴 글쓰기

다음을 주제로 하여 자신의 생각을 600~700자로 글을 쓰십시오. (50점)

외국인이나 교포로서 한국의 다문화 사회에 대한 자신의 견해를 쓰십시오.

· 다문화 사회의 정의와 의의는 무엇인가?
· 다문화 사회의 문제점은 무엇인가?
· 한국의 다문화 사회의 올바른 발전 방향은 무엇이라고 생각하는가?

❖ 글의 개요를 간략하게 정리해 봅시다.

단계	중심내용	내용	핵심어휘
도입	중심내용 1	① 다문화 사회란 무엇일까?	
		② 다문화 사회로서 한국은 어떤 모습인가?	
전개	중심내용 2	③ 다문화 사회의 의의	
		④ 다문화 사회의 문제점	
정리	중심내용 3	⑤ 문제 해결을 위한 방안	
		⑥ 앞으로의 발전 방향	

❖ 자기 생각을 써 봅시다.

❖ 채점 기준에 어긋난 것은 없는지 점검해 보십시오.

구분	채점 근거	점수 구분		
		상	중	하
내용 및 과제 수행 (18점)		6~5점	4~3점	2~0점
	1) 주어진 과제를 충실히 수행하였는가?			
	2) 주제와 관련된 내용으로 구성하였는가?			
	3) 내용을 풍부하고 다양하게 표현하였는가?			
글의 전개 구조 (18점)		6~5점	4~3점	2~0점
	1) 시작과 마무리를 적절하게 구성하였는가?			
	2) 내용 전개의 긴밀성이 있는가?			
	3) 내용의 전환에 따라 문단을 적절히 구성하였는가?			
언어 사용 (10점)	언어의 다양성 (5점)	5~4점	3~2점	1~0점
	언어의 정확성 (5점)	5~4점	3~2점	1~0점
사회언어학적 기능 (4점)	구어적 특징이 드러나는 어휘나 문법 (종결형, 어미, 조사 등)을 사용하지 않고 문어의 특성을 살려 글을 썼는가?	4점	3점	2~0점
			총점	점

Chapter 4

개인과 집단, 무엇을 우선시해야 하는가?

I. 유형 연습

※ 문제를 통해 유형을 연습해 봅시다

1

❖ 새해 목표

　새해가 되면 목표를 세우게 마련이다. 그러나 며칠만 지나면 (　　㉠　　). 그래서 올해는 매일 아침 저녁으로 큰 소리로 목표를 한 번씩 읽었더니 (　　㉡　　).

㉠ _____
㉡ _____

2

❖ 체육 대회 안내

　내일 오전 10시부터 학교 운동장에서 체육 대회가 있습니다. 체육 대회에는 농구, 배구, 축구, 달리기 등 (　　㉠　　). 그리고 체육대회가 끝난 후에는 (　　㉡　　). 그러므로 끝까지 모두가 함께하는 자리가 될 수 있도록 저녁 식사에도 모두 참석하여 주시기 바랍니다.

㉠ _____
㉡ _____

문형 제안 [토픽 고빈도 문형]

–도록
: 뒤에 나오는 행위에 대한 목적이나 기준 또는 이유를 나타내는 의미로 쓰인다.

예 가난한 아이들도 점심을 굶지 않도록 모두 도와주세요.
　　　　　　　　　　　↳ 뒤에 나오는 행위의 목적

3
　겉으로 보기에는 많은 사람들이 옳다고 하는 일이 항상 옳은 것 같다. 그러나 역사를 통해서 보면 꼭 그렇지도 않다는 것을 알 수 있다. 그러므로 많은 사람들이 옳다고 해서 (㉠). 올바른 결정을 하기 위해서는 충분한 시간을 갖고 (㉡).

㉠ _____
㉡ _____

4
　이기적인 사람과 이타적인 사람, 어떤 사람이 더 집단의 발전에 도움이 될까? 이타적인 사람은 당연히 (㉠) 그러면 이기적인 사람은 항상 집단에 나쁜 영향만 주게 될까? 꼭 그렇지만은 않을 것이다. 즉, (㉡) 가령, 단지 개인의 이익을 위해 회사에서 열심히 일하는 사람도 그가 경쟁의 규칙을 잘 따르기만 한다면 그는 회사 발전에도 많은 기여를 하고 있다고 볼 수 있다. 결국, 개인이 이기적인지 이타적인지보다 더 중요한 것은 공정한 경쟁 규칙이라고 할 수 있다.

㉠ _____
㉡ _____

II. 주제별 연습

1. 자료를 보고 주제에 대해서 생각해 봅시다

〈자료 1〉

　　인간의 사회적 행동을 설명할 때 이제까지는 대체로 "개인은 이타적이지만 집단은 이기적이다"라는 주제가 많았었다. 그러나 최근의 논의들은 인간을 이기적 존재로 설명하고 있다. 게다가 인간의 이러한 이기심이 오히려 이타적 결과를 가져올 수도 있다고 한다. 가령, 빵집 주인이 지역 주민의 건강과 상관 없이 돈을 많이 벌기 위해 열심히 빵을 만들어도 그 결과 지역 주민은 동네에 좋은 빵집이 있음으로 해서 많은 혜택을 입을 수 있게 된다. 그리고 또한 빵집 주인이 가게 이미지 향상을 위해 남은 빵을 가난한 사람들에게 나누어 준다면 이것 역시 주인의 의도와 상관없이 지역 전체로 보아서는 이타적 개인과 같은 긍정적 효과를 가져 오게 된다.

〈자료 2〉

　　정부가 새로 태어나는 아기들을 위해 보조금을 지원한다고 했을 때 늘어나는 세금 부담을 걱정하는 목소리가 나오기도 한다. 또는 지원금보다 다른 편의 시설을 만드는 것이 더 큰 혜택을 가져올 수 있다고 주장하는 사람도 있다. 이렇게 겉으로 보기에는 모두가 혜택을 누릴 수 있는 것처럼 보이는 일도 잘 들여다보면 억울하다고 느끼는 사람들이 있게 마련이다.

☞ 개인은 사회를 위해서 자신을 희생하는 것이 좋을까요? 만약 아니라면 '이기적 개인'과 '사회'가 함께 살아남기 위해 필요한 것은 무엇이겠습니까?

_____

_____

☞ 가장 많은 사람들이 혜택을 받는 정책이 가장 좋은 복지 정책이라고 할 수 있겠습니까?

_____

_____

2. 주제에 대해 더 자세하게 생각해 봅시다

◆ 개인과 집단에 대한 자신의 생각을 써 보십시오.

_____
_____
_____
_____

질문1 개인과 집단의 이익은 언제 충돌할까요?

첫 번째	두 번째

질문2 개인의 이익과 집단의 이익이 충돌할 때 할 수 있는 일은 무엇이 있을까요?

첫 번째	두 번째

 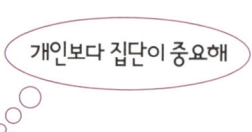
개인보다 집단이 중요해

 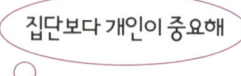
집단보다 개인이 중요해

◆ 여러분은 다음 중 어느 의견에 동의합니까? 자신의 생각과 같은 주장에 V표 하고 그 이유를 써 봅시다.

주장	선택
㉠ 국가가 유지되기 위해서는 계속해서 발전해야 한다. 국가가 없으면 개인은 보호받을 수 없다. 따라서 국가 발전을 위해 필요하다면 개인의 이익이 희생될 수도 있다.	
㉡ 국가가 개인을 위해 존재하는 것이지 개인이 국가를 위해 존재하는 것이 아니다. 따라서 어떠한 경우에서라도 국가가 개인의 희생을 강요할 수는 없다.	

나는 두 가지 의견 중 (　)의견에 동의한다. 왜냐하면 _____
_____
_____
_____
_____
_____ .

3. 자신의 의견을 정하고 글을 쓸 준비를 합니다

◆ 이 문제에 대해서 다른 친구들은 어떻게 생각하는지 들어볼까요?

마이클 : 자신이 살고 있는 지역에 큰 쓰레기 매립장이나 원자력 발전소 등이 들어온다고 하면 좋아할 사람이 없는 것은 당연한 일인 것 같습니다. 사람은 누구나 자신이 살고 있는 환경과 여건이 불편하다면 그것에 대해 불만을 이야기할 수 있는 것 아닌가요? 그것을 지역 이기주의라고만 할 수 있을까요? 전체의 이익과 발전을 위해 일부나 개인의 권리가 침해되어도 괜찮은 것인지 생각해 볼 필요가 있습니다.

왕웨이 : 마이클의 이야기처럼 지역 주민들의 이기심을 비판할 수만은 없는 것도 사실입니다. 그렇지만 '양로원'이나 '장애인의 집'과 같이 꼭 필요한 시설도 주민들의 반대가 심하면 지을 수 없는 것이 현실입니다. 주민들의 반대 때문에 이런 시설들을 공원이나 병원 등이 가까운 곳에 짓지 못하고 멀리 떨어진 곳에 짓는다면 이것은 지역 이기주의로 전체 공동체에 큰 피해를 준 것입니다. 때로는 전체 공동체의 발전을 위해 개인의 희생과 배려가 필요하다고 생각합니다.

미후라 : 두 사람 말이 모두 맞다고 생각합니다. 결국 어느 곳엔가는 지어져야 하는 꼭 필요한 시설이라면 전문가들과 책임자들 그리고 지역 주민들이 모여 회의를 거쳐 공정한 방법으로 진행되어야 하고 그 결과를 바탕으로 지역 주민들을 설득한다면 주민들도 이를 받아들일 것입니다.

◆ 개인과 집단의 이익이 충돌할 때 해결할 수 있는 구체적인 방법에는 어떤 것이 있다고 생각합니까?

1. 개인과 사회는 어떤 관계입니까?	
2. 주변에서 개인의 이익과 집단의 이익이 충돌하는 것을 보거나 들은 적이 있습니까?	
3. 2번과 같은 것을 본 적이 있다면 어떻게 해결되었습니까?	

4. TOPIK 대비 실전 글쓰기

◎ **Topik 짧은 글쓰기**

다음 표를 보고 개인과 집단의 의견이 일치하지 않을 때 이것을 어떻게 반영할 수 있는지 쓰고 이 둘을 조화하기 위해서는 어떻게 해야 하는지 200~300자로 쓰십시오.

〈개인과 집단의 의견 불일치〉

개인의 의견을 어떻게 반영할 것인가?	집단의 의견을 어떻게 반영할 것인가?
① 기회가 있을 때마다 자신의 의견을 적극적으로 주장한다.	① 충분한 토론을 통해 집단의 의견을 구체화한다.
② 자신에게 피해가 되는 일이 있다면 이것을 막을 수 있는 구체적인 방법을 찾아 본다.	② 집단 전체를 위해 개인의 이익이 일부 희생된다면 이것을 보상해줄 방법을 찾아 본다.

◎ Topik 긴 글쓰기

다음을 주제로 하여 자신의 생각을 600~700자로 글을 쓰십시오. (50점)

여러분은 개인과 사회의 관계에 대해 어떻게 생각하십니까? 사회는 개인을 위해 존재하지만 개인과 사회가 추구하는 방향이 다르면 갈등이 생기기도 합니다. 개인과 사회의 갈등을 해결하기 위한 자신의 견해를 서술하십시오.

· 개인과 사회의 관계는 어떻습니까?
· 개인과 사회가 갈등을 일으키는 이유는 무엇입니까?
· 개인과 사회의 갈등을 극복하기 위한 방안은 무엇입니까?

❖ 글의 개요를 간략하게 정리해 봅시다.

단계	중심내용	내용	핵심어휘
도입	중심내용 1	① 개인과 집단의 관계 설명	
전개	중심내용 2	② 갈등이 생기는 원인1	
		③ 갈등이 생기는 원인2	
정리	중심내용 3	④ 갈등 극복 방안1	
		⑤ 갈등 극복 방안2	

❖ 자기 생각을 써 봅시다.

❖ 채점 기준에 어긋난 것은 없는지 점검해 보십시오.

구분	채점 근거	점수 구분		
		상	중	하
내용 및 과제 수행 (18점)		6~5점	4~3점	2~0점
	1) 주어진 과제를 충실히 수행하였는가?			
	2) 주제와 관련된 내용으로 구성하였는가?			
	3) 내용을 풍부하고 다양하게 표현하였는가?			
글의 전개 구조 (18점)		6~5점	4~3점	2~0점
	1) 시작과 마무리를 적절하게 구성하였는가?			
	2) 내용 전개의 긴밀성이 있는가?			
	3) 내용의 전환에 따라 문단을 적절히 구성하였는가?			
언어 사용 (10점)	언어의 다양성 (5점)	5~4점	3~2점	1~0점
	언어의 정확성 (5점)	5~4점	3~2점	1~0점
사회언어학적 기능 (4점)	구어적 특징이 드러나는 어휘나 문법 (종결형, 어미, 조사 등)을 사용하지 않고 문어의 특성을 살려 글을 썼는가?	4점	3점	2~0점
			총점	점

Chapter 5

소통의 올바른 방법은 무엇인가?

I. 유형 연습

※ 문제를 통해 유형을 연습해 봅시다

1

❖ 먼저 사과하기

오늘 친구와 말다툼이 있었다. 친구에게 작은 실수를 했는데 (㉠   ). 그런데 친구가 실수를 한 것보다 자신의 잘못을 인정하지 않는 것이 더 나쁘다고 했다. 이 말을 듣고 처음에는 화가 났지만 (㉡   ).

㉠ _____
㉡ _____

2

내 생각이 옳다고 생각되더라도 결정을 내리기 전에 다른 사람과 대화를 나누어 보는 것이 좋다. 왜냐하면 대화를 하다 보면 내가 미처 생각하지 못했던 부분을 깨닫게 되고 (㉠   ). 그러지 않고 중요한 일을 혼자 결정한다면 (㉡   ).

㉠ _____
㉡ _____

문형 제안 [토픽 고빈도 문형]

–더라도 :
1. 앞 문장에서 어떤 상황을 가정하지만, 뒤 문장에는 앞에서 가정한 상황과 관계없이 어떤 일이 일어나거나 어떤 일을 하게 됨을 나타낸다.
2. 앞 문장의 동작이나 상태를 인정하지만, 뒤 문장에는 말하는 사람이 예상하거나 기대했던 동작 또는 상태가 나타나지 않음을 나타낸다.(양보)

예 그는 아무리 바쁘더라도 서두르는 법이 없다.
　　　　　　└약한 가정, 또는 지금의 상태 인정

3

　　다른 사람과 대화를 할 때 우리는 보통 어떻게 하면 이야기를 잘할까 고민한다. 그러나 (㉠). 즉, 잘 말하는 사람보다 잘 들어 주는 사람이 더 훌륭한 대화 상대가 될 수 있다는 것이다. 고개를 끄덕이며 상대방 이야기에 귀 기울이고 환하게 미소 지어 주는 것만으로도 충분하다. 거기에 더해서 상대방을 적절히 칭찬해준다면 (㉡).

㉠ _____

㉡ _____

4

　우리가 가장 가깝다고 느끼는 사람은 가족이나 친구일 것이다. 당연히 이들과 시간도 가장 많이 보낸다. 그러다보니 우리는 이야기하지 않고서도 서로에 대해 거의 모든 것을 다 알고 있다고 생각하기 쉽다. 그러나 (　㉠　). 만약 이 이야기를 듣고 그렇다고 느낀다면 오늘 저녁에는 같이 식사를 할 때 텔레비전을 끄고 (　㉡　).

㉠ _____

㉡ _____

II. 주제별 연습

1. 자료를 보고 주제에 대해서 생각해 봅시다

〈자료 1〉

'가는 말이 고와야 오는 말이 곱다', '소의 귀에 경 읽기', '말 한마디로 천 냥 빚을 갚는다' 라는 속담을 알고 있습니까? 이 속담의 뜻이 무엇인지 생각해 봅시다.

_____
_____
_____

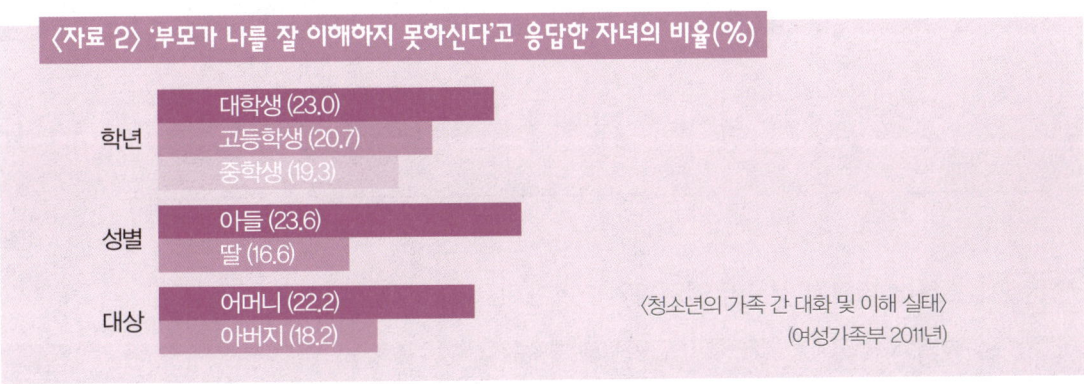

〈자료 2〉 '부모가 나를 잘 이해하지 못하신다'고 응답한 자녀의 비율(%)

학년
- 대학생 (23.0)
- 고등학생 (20.7)
- 중학생 (19.3)

성별
- 아들 (23.6)
- 딸 (16.6)

대상
- 어머니 (22.2)
- 아버지 (18.2)

〈청소년의 가족 간 대화 및 이해 실태〉
(여성가족부 2011년)

☞ 위의 그래프는 여성가족부에서 청소년을 대상으로 가족 간의 대화 및 이해를 조사한 것의 일부입니다. '부모가 나를 이해하지 못 한다'는 의식이 학년별, 성별로 차이를 보였으며 청소년들은 자신을 이해하지 못하는 부모로 어머니를 꼽았습니다. 위와 같은 결과가 나온 이유에 대해서 생각해 봅시다.

2. 주제에 대해 더 자세하게 생각해 봅시다

◆ 소통에 대한 자신의 생각을 써 봅시다.

_____
_____
_____
_____

질문1 소통은 왜 필요한가?

첫 번째	두 번째	세 번째

질문2 소통에 필요한 것은 무엇인가?

첫 번째	두 번째	세 번째

5과

◆ 여러분은 다음 중 어느 의견에 동의합니까? 자신의 생각과 같은 주장에 V표 하고 그 이유를 써 봅시다.

주장	선택
㉠ 소통에는 진실된 마음만 있다면 특별한 방법이 필요 없다.	
㉡ 소통을 위해서는 어느 정도 기술적인 요소도 필요하다.	

나는 두 가지 의견 중 (　)의견에 동의한다. 왜냐하면 _____
_____
_____
_____
_____ .

3. 자신의 의견을 정하고 글을 쓸 준비를 합시다

◆ 이 문제에 대해서 다른 친구들은 어떻게 생각하는지 들어볼까요?

마이클 : 사람은 사회적 동물이라는 말이 있습니다. 이 말처럼 사람은 혼자서는 살아갈 수 없습니다. 생활하는 매 순간 함께 모여서 다른 사람과 의사소통을 해야 하는 것이죠. 그런데 올바른 방법으로 의사소통을 하지 못하면 오해가 생기기 마련이고 그러면 우리는 단 하루도 제대로 살아가기 힘들 거라고 생각합니다. 따라서 자신의 생각을 잘 표현하기 위해 조리 있게 말하는 것이 정말 중요하다고 생각합니다.

왕웨이 : 소통은 필요한 것이라고 생각합니다. 그런데 저는 소통에서 가장 필요한 것은 상대의 말을 들으려는 호의적인 마음가짐일 것입니다. 그런데 이 마음가짐은 말뿐만 아니라 몸짓에서도 표현됩니다. 예를 들어 다른 사람의 의견을 존중해서 듣는 사람은 상대의 눈을 보고 고개를 끄덕거리며 이야기를 듣습니다. 이렇게 호의적으로 들어주는 사람이 있다면 상대는 보다 진솔하게 자신의 생각을 표현할 수 있을 것입니다. 따라서 저는 무엇보다도 '역지사지'하는 마음과 몸짓이 제일 필요하다고 생각합니다.

미후라 : 정말 소통에 효과적인 방법이란 것이 있을까요? 소통이라는 것은 솔직한 자신의 속마음을 이야기할 때 비로소 가능해 지는 것이라고 생각합니다. 그런데 효과적인 방법을 생각하면 바로 그 순간부터 진심이 아닌, 그런 척하려는 마음이 개입되

는 것이라고 생각합니다. 그러면 서로의 진심은 숨겨두고 서로 이해하는 척 연기를 하게 될 뿐이죠. 효과적인 소통의 방법이란 것이 정말 있을까요? 있다고 해도 그것이 정말 필요한 걸까요? 저는 효과적인 방법이라는 것이 오히려 마음의 벽을 높이는 역할을 한다고 생각합니다. 어떤 효과도 생각하지 않고 자신의 속마음을 그대로 이야기하는 것, 그것이야말로 올바른 소통의 방법 아닐까요?

◆ 소통에 대한 다음 질문에 답해 봅시다.

1. 소통이란 무엇입니까?	
2. 소통은 언제 필요합니까?	
3. 소통을 하는 올바른 방법은 무엇입니까?	

4. TOPIK 대비 실전 글쓰기

◎ **Topik 짧은 글쓰기**

정리된 표를 보고 올바른 의사소통의 의미와 방법에 대해서 200~300자로 쓰십시오.

〈올바른 의사소통〉

올바른 의사소통의 의미	올바른 의사소통의 방법
① 올바른 의사소통이란 자신의 생각을 잘 전달하는 것이다.	① 자신의 생각을 잘 전달하고 싶다면 먼저 잘 들어야 한다.
② 자신의 생각을 잘 전달하기 위해서는 먼저 스스로의 생각을 정리해 볼 필요가 있다.	② 상대방의 입장에서 이야기를 한다면 자신의 생각을 잘 전달할 수 있다

◎ Topik 긴 글쓰기

다음을 주제로 하여 자신의 생각을 600~700자로 글을 쓰십시오. (50점)

우리는 많은 사람들과 매 순간 소통을 하며 살아가고 있습니다. 소통을 하기 위한 올바른 방법에 대해 아래의 내용을 중심으로 주장하는 글을 쓰십시오.

· 소통이란 무엇인가?
· 올바른 소통을 위해 필요한 것은 무엇인가?
· 올바른 소통의 효용은 무엇인가?

❖ 글의 개요를 간략하게 정리해 봅시다.

단계	중심내용	내용	핵심어휘
도입	중심내용 1	① 소통의 정의	
전개	중심내용 2	② 올바른 소통의 방법	
정리	중심내용 3	③ 올바른 소통 방법의 효용성	

❖ 원고지에 주어진 조건에 맞추어 써 보십시오.

❖ 채점 기준에 어긋난 것은 없는지 점검해 보십시오.

구분	채점 근거	점수 구분		
		상	중	하
내용 및 과제 수행 (18점)		6~5점	4~3점	2~0점
	1) 주어진 과제를 충실히 수행하였는가?			
	2) 주제와 관련된 내용으로 구성하였는가?			
	3) 내용을 풍부하고 다양하게 표현하였는가?			
글의 전개 구조 (18점)		6~5점	4~3점	2~0점
	1) 시작과 마무리를 적절하게 구성하였는가?			
	2) 내용 전개의 긴밀성이 있는가?			
	3) 내용의 전환에 따라 문단을 적절히 구성하였는가?			
언어 사용 (10점)	언어의 다양성 (5점)	5~4점	3~2점	1~0점
	언어의 정확성 (5점)	5~4점	3~2점	1~0점
사회언어학적 기능 (4점)	구어적 특징이 드러나는 어휘나 문법 (종결형, 어미, 조사 등)을 사용하지 않고 문어의 특성을 살려 글을 썼는가?	4점	3점	2~0점
			총점	점

Chapter 6

다수의 선택은 항상 옳은가?

I. 유형 연습

※ 문제를 통해 유형을 연습해 봅시다

1

❖ 초대합니다.

희선이의 돌잔치에 여러분을 초대합니다.
꼭 오셔서 우리 아이의 (　㉠　).
아이의 돌잡이도 함께 봐주시고 아이의 밝은 앞날을 (　㉡　).

㉠ _____
㉡ _____

2

❖ 주소지 정보 변경 요청

정부의 새주소 정책에 따라 고객님의 주소지 정보를 새주소로 변경해야 합니다.
아직 변경하지 않은 고객님께서는 (　㉠　).
　주소지 정보 변경 기간이 끝났음에도 불구하고 주소지 정보가 변경되지 않았을 경우 상품 배송에 (　㉡　). 따라서 문제가 생기지 않도록 주소지 정보 변경 기간 내에 변경을 완료해주시면 감사하겠습니다.

㉠ _____
㉡ _____

6과

문형 제안 [토픽 고빈도 문형]

[동사/형용사]-ㅁ/음에도 불구하고
[명사]-임에도 불구하고 :
-ㄴ/는/은데도, -지만
앞의 상황이나 조건에 얽매이거나 거리끼지 않고

예 그 사람은 못생겼음에도 불구하고 인기가 많아요.
(= 그 사람은 못생겼는데도 인기가 많아요.)
한국은 자원이 부족한 나라임에도 불구하고 이만큼 발전하였다.
(= 한국은 자원이 부족한 나라지만 이만큼 발전하였다.)

3

더 많은 사람의 선택을 따르는 '다수결의 원리'는 민주주의의 기본 원리이다. 물론 다수의 선택에 문제가 없는 것은 아니다. (　㉠　). 그렇다면 소수가 옳지 않은 결정을 따라야만 하는 문제가 생긴다. 하지만 힘 있는 소수의 일부 권력자들의 주장을 다수에게 강요하는 것은 더 큰 문제가 된다. 따라서 다수결의 원리를 기본으로 하면서 (　㉡　).

㉠ _____

㉡ _____

4

　　다수결의 원리가 민주주의인 의사 결정방법으로 인정받기 위해서는 충분한 토론을 거쳐야 하며, 또 언론의 자유가 보장되어야 한다. 언론의 자유가 보장되어 있으면 소수의 힘없는 사람들도 （　㉠　）. 뿐만 아니라 충분한 토론을 통해 그들의 주장이 옳다는 것이 증명되면 （　㉡　）.

㉠ _____
㉡ _____

II. 주제별 연습

1. 자료를 보고 주제에 대해서 생각해 봅니다

〈자료 1〉

어느 도시의 시장이 오래된 도시를 재개발한다는 이유로 대규모 도시 정비 사업을 진행하려고 한다. 도시를 재개발하게 되면 교통과 여러 시설이 현대화되며, 땅값과 집값도 오를 것이라는 것이다. 하지만 도시의 오래된 전통 건물들과 거리가 사라지게 될 것으로 예상되며, 집이 없는 사람들은 대부분 다른 곳으로 쫓겨나게 된다. 때문에 많은 사람들이 이 정비 사업에 반대하고 있다. 그러나 시장은 도시가 재개발되면 모든 사람들이 만족할 것이고 결국 자신이 옳다는 것을 인정할 것이라고 생각한다. 따라서 주민들의 동의 절차를 생략하고 정비 사업을 밀어붙였다. 하지만 주민들이 주장했던 문제점들이 진행 과정에서 자꾸 드러남에 따라 결국 정비 사업은 다시 원점에서 재검토하게 되었으며 그동안 쓰인 막대한 공사비는 매몰 비용이 되고 말았다.

☞ 어떤 일을 결정할 때 사람들의 의견을 모으는 절차가 꼭 필요합니까? 일의 처리가 늦어짐으로 비효율적인 것이 아닙니까?

_____

_____

〈자료 2〉

새로운 발전소를 짓고 전기를 대도시까지 옮기기 위한 송전탑을 지을 필요가 생겼다. 그런데 이 송전탑을 대도시 외곽에 위치한 조그만 마을 근처에 지어야 하는데 이 마을 주민들은 송전탑을 지으면 안 된다고 주장한다. 왜냐하면 마을 주민들 대부분이 노인들인데 송전탑에서 전자파가 나와 건강을 크게 해칠 우려가 있기 때문이다. 하지만 나라에서는 대도시에 꼭 전기가 필요하므로 마을 주민들이 양보해야 한다는 입장이다. 대도시의 주민들이 훨씬 많기 때문에 주민 투표로 결정하게 되면 송전탑을 짓는 방향으로 결론이 날 것으로 보인다.

☞ 다수결의 원칙에 따라 결정하는 것은 항상 옳습니까? 소수의 주장은 무시되어도 좋습니까?

2. 주제에 대해 더 자세하게 생각해 봅시다

◆ 다수결의 원칙에 대한 자신의 생각을 써 보십시오.

_____
_____
_____
_____

질문1 민주주의의 기본 원칙인 다수결은 왜 필요한가?

첫 번째	두 번째	세 번째

질문2 다수결의 원칙에 따라 결정했을 때 어떤 문제점이 있는가?

첫 번째	두 번째	세 번째

◆ 여러분은 다음 중 어느 의견에 동의합니까? 자신의 생각과 같은 주장에 ∨표 하고 그 이유를 써 봅시다.

주장	선택
㉠ 다수의 이익을 위해서는 소수가 희생해야 한다.	
㉡ 누군가의 희생을 강요하는 결정은 바람직하지 않다.	

나는 두 가지 의견 중 (　)의견에 동의한다. 왜냐하면 _____
_____
_____
_____
_____
_____.

3. 자신의 의견을 정하고 글을 쓸 준비를 합시다

◆ 이 문제에 대해서 다른 친구들은 어떻게 생각하는지 들어볼까요?

마이클 : 우리는 항상 많은 선택지 중에서 결정을 해야 합니다. 그리고 이 결정은 공정해야 하기 때문에 우리 모두는 각각 한 표씩을 가지고 투표를 해서 가장 많은 표를 얻은 선택지를 선택하는 것입니다. 그래야 그 결정에 불만을 가질 사람들이 적어지고 그만큼 사회가 안정될 수 있으니까요. 이것이 우리가 민주주의를 채택한 이유입니다. 그리고 더 많은 사람들이 옳다고 생각하는 것이 실제로도 옳을 가능성이 높은 것이 당연한 것 아닐까요?

왕웨이 : 많은 사람들이 옳다고 생각하는 것이 실제로 옳을 가능성이 높지만 틀릴 가능성이 전혀 없는 것은 아니죠. 다수의 어리석은 생각으로 잘못된 선택을 하는 것을 '중우정치'라고 하는데 우리는 이 중우정치의 위험성을 항상 경계해야만 합니다. 또 어떤 선택이 다수에게는 약간의 이익을 줄 뿐인데 비해 소수가 입을 손해가 심각하다면 다수가 원한다고 해서 반드시 그 선택을 해야만 할까요?

미후라 : 저는 왕웨이의 생각에 공감하지만 다수결이 민주주의의 기본 원리라는 마이클의 말은 당연히 옳다고 생각합니다. 그러니까 선택은 다수가 옳다고 판단한 것으로 해야겠지만, 선택을 하기 전에 충분한 토론을 해야 할 것 같습니다. 그래야 소수

> 의 의견도 선택에 반영될 수 있고 옳지 않은 선택을 할 가능성도 줄어들 수 있을 테니까요.

◆ 다수결 원칙에 대한 여러 질문들에 대답해 봅시다.

1. 다수결 원칙이 필요한 이유는 무엇이라고 생각합니까?	
2. 여러분이 소수의 입장일 때, 다수결에 의해 여러분에게 손해를 주는 결정이 이뤄졌다면 어떻게 하겠습니까?	
3. 여러분이 다수의 입장일 때, 소수의 의견도 존중할 것입니까? 그것이 여러분에게 손해가 되는 것이라면 어떻게 하겠습니까?	

4. TOPIK 대비 실전 글쓰기

◎ Topik 짧은 글쓰기

다음 표를 보고 다수결 원칙의 장단점에 대해 쓰고, 다수결 원칙을 바르게 적용하는 방법은 무엇인지 200~300자로 쓰십시오.

〈다수결 원칙의 장단점〉

다수결 원칙의 장점	다수결 원칙의 단점
① 다수가 옳다고 판단하는 것이 실제로 옳을 확률이 높다.	① 다수가 옳다고 판단한 것이 항상 옳은 것은 아니다.
② 1인 1표가 기본이기 때문에 가장 민주적인 결정 방식이다.	② 소수의 피해가 심각하더라도 소수라는 이유로 무시되기 쉽다.

6과

◎ Topik 긴 글쓰기

다음을 주제로 하여 자신의 생각을 600~700자로 글을 쓰십시오.

다수결의 원칙은 민주주의의 기본 원리라고 합니다. 하지만 다수의 의견만을 따를 경우 소수의 의견이 무시되는 문제가 생길 수 있습니다. 다수결 원칙에 대한 여러분의 견해를 아래의 내용을 중심으로 쓰십시오.

· 다수결 원칙이란 무엇인가
· 다수결 원칙의 문제점은 무엇인가
· 다수결 원칙의 문제점은 어떻게 극복해야 하는가

❖ 글의 개요를 간략하게 정리해 봅시다.

단계	중심내용	내용	핵심어휘
도입	중심내용 1	① 다수결의 원칙 설명	
		② 다수결의 장점	
전개	중심내용 2	③ 다수결의 문제 1	
		④ 다수결의 문제 2	
정리	중심내용 3	⑤ 문제 해결 방안 1	
		⑥ 문제 해결 방안 2	

❖ 원고지에 주어진 조건에 맞추어 써 보십시오.

❖ 채점 기준에 어긋난 것은 없는지 점검해 보십시오.

구분	채점 근거	점수 구분		
		상	중	하
내용 및 과제 수행 (18점)		6~5점	4~3점	2~0점
	1) 주어진 과제를 충실히 수행하였는가?			
	2) 주제와 관련된 내용으로 구성하였는가?			
	3) 내용을 풍부하고 다양하게 표현하였는가?			
글의 전개 구조 (18점)		6~5점	4~3점	2~0점
	1) 시작과 마무리를 적절하게 구성하였는가?			
	2) 내용 전개의 긴밀성이 있는가?			
	3) 내용의 전환에 따라 문단을 적절히 구성하였는가?			
언어 사용 (10점)	언어의 다양성 (5점)	5~4점	3~2점	1~0점
	언어의 정확성 (5점)	5~4점	3~2점	1~0점
사회언어학적 기능 (4점)	구어적 특징이 드러나는 어휘나 문법 (종결형, 어미, 조사 등)을 사용하지 않고 문어의 특성을 살려 글을 썼는가?	4점	3점	2~0점
			총점	점

Chapter 7

인터넷 쇼핑이 경제에 미치는 영향은 무엇인가?

I. 유형 연습

※ 문제를 통해 유형을 연습해 봅시다

1

❖ **건의합니다.**

우리 동네에는 신호등이 하나만 있습니다. 예전에는 우리 동네에 다니는 차가 별로 없어서 단 하나의 (㉠). 그러나 이제는 새로운 아파트가 생겼습니다. 그런데 (㉡) 신호등의 수는 늘지 않아서 불편합니다. 신호등을 더 많이 설치해 주시기 바랍니다.

㉠ _____
㉡ _____

문형 제안 [토픽 고빈도 문형]

–ㄴ/은/는 반면 :
그러나, 하지만, 앞 문장이 뒤 문장과 대조됨.

예 부모님은 모두 키가 큰 반면 아이들은 모두 키가 작다
　　　　　　　　　　└ 대조

　그 나라는 땅이 넓은 반면 인구는 적다.

2

❖ **알립니다.**

　어린이 공원을 만들기 위해 오늘부터 일주일 동안 공사를 합니다. 공사를 하는 동안 소음이나 먼지가 많이 발생될 것으로 예상됩니다. （　㉠　） 어린이를 위하는 마음으로 이해해 주시기 바랍니다. （　㉡　） 최선을 다하겠습니다. 감사합니다.

㉠ _____
㉡ _____

3

　인터넷의 발달과 함께 인터넷 쇼핑몰도 많아졌다. 인터넷은 시간과 가격의 측면에서 장점이 있다. 즉, （　㉠　） 인터넷 쇼핑몰의 이용자가 매년 증가하고 있는 것이다. 그러나 인터넷 쇼핑몰을 이용할 때는 더 많은 주의가 요구된다. 인터넷 쇼핑은 （　㉡　） 많은 위험 요소도 함께 가지고 있기 때문이다.

㉠ _____
㉡ _____

4

　인터넷 쇼핑몰은 인터넷 웹사이트를 이용해서 누구나 쉽게 만들 수 있다. 이런 이유로 최근 많은 사람들이 인터넷 쇼핑몰을 열고 있다. 그러나 만들기는 쉽지만 （　㉠　）. 많은 인터넷 쇼핑몰은 지나치게 가격을 낮추는 방식으로 홍보를 한다. 그러나 （　㉡　）. 그래서 많은 쇼핑몰들이 결국 문을 닫게 된다고 한다.

㉠ _____
㉡ _____

II. 주제별 연습

1. 자료를 보고 주제에 대해서 생각해 봅시다

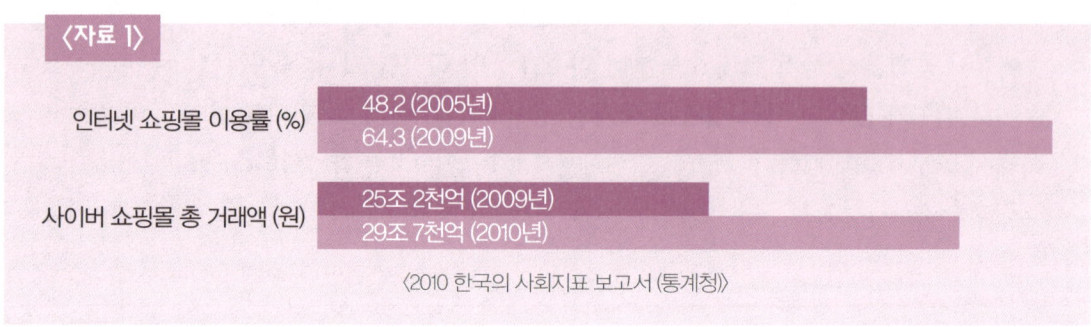

〈자료 1〉

인터넷 쇼핑몰 이용률 (%)
- 48.2 (2005년)
- 64.3 (2009년)

사이버 쇼핑몰 총 거래액 (원)
- 25조 2천억 (2009년)
- 29조 7천억 (2010년)

〈2010 한국의 사회지표 보고서 (통계청)〉

☞ 인터넷 쇼핑몰 이용자가 늘고 있습니다. 사람들이 인터넷 쇼핑을 이용하는 이유는 무엇이라고 생각합니까?

_____
_____

〈자료 2〉

2013년 국회에서는 '출판문화 산업 진흥법'을 개정했다. 출판문화 산업 진흥법이란 출판 산업을 보호하고 성장시키기 위해 마련된 법인데, 이번 개정은 온라인 서점의 추가 할인을 폐지하여 오프라인 서점을 보호하기 위한 도서 정가제를 주요 내용으로 삼고 있다. 지역경제 보호하겠다는 정부의 적극적인 의지가 담긴 만큼 이번 개정을 전국 각지의 서점 운영자들은 환영하고 있는 반면, 그동안 저렴한 가격으로 책을 구매하던 소비자들은 소비자들의 이익을 외면한 법이라며 울상을 짓고 있다.

☞ 왜 인터넷 쇼핑몰에 대한 제재가 이루어지고 있다고 생각합니까? 경제를 활성화시키는 데에 이와 같은 제재가 도움이 될 것이라고 생각합니까?

_____
_____

2. 주제에 대해 더 자세하게 생각해 봅시다

◆ 인터넷 쇼핑몰과 오프라인 매장에 대한 자신의 생각을 다음 표에 써 보십시오.

	장점		단점	
오프라인 매장	사회적		사회적	
	개인적		개인적	
온라인 쇼핑몰	사회적		사회적	
	개인적		개인적	

◆ 여러분은 다음 중 어느 의견에 동의합니까? 자신의 생각과 같은 주장에 V표 하고 그 이유를 써 봅시다.

주장	선택
㉠ 인터넷 쇼핑은 우리 사회 경제에 좋지 않은 영향을 미친다.	
㉡ 인터넷 쇼핑은 우리 사회 경제에 도움이 된다.	

나는 두 가지 의견 중 (　)의견에 동의한다. 왜냐하면 _____

_____

_____

_____

_____

_____ .

3. 자신의 의견을 정하고 글을 쓸 준비를 합시다

◆ 여러분이 생각하는 오프라인 쇼핑과 온라인 쇼핑의 장단점 및 사회에 미치는 영향에 대해 이야기해 봅시다.

마이클 : 오프라인은 직접 물건을 확인하고 살 수 있어서 만족도가 높습니다. 만약 문제가 생기더라도 매장에 갈 수 있는 만큼 빠르고 편리하게 해결할 수 있어서 소비자가 안심하고 안정적인 소비 생활을 할 수 있습니다. 소비자 측에서만 좋을 뿐만 아니라 많은 사람들이 매장에 취직할 수 있어서 사회 경제를 살리는 데 큰 역할을 한다고 생각합니다. 따라서 법으로라도 오프라인 매장을 보호해야 합니다.

왕웨이 : 사람들의 생활이 변화하면서 경제생활의 방법도 달라지는 건 당연하다고 생각합니다. 많은 사람들이 온라인 쇼핑을 하는 것은 그만큼 편리하기 때문입니다. 게다가 인건비를 줄일 수 있어서 가격도 쌉니다. 오프라인 매장만이 경제를 살리는 것은 아니라고 생각합니다. 소비자들이 구매를 많이 하면 경제가 활성화되는 것 아닐까요? 따라서 오프라인 매장을 보호하고 온라인 매장을 규제하는 법은 불필요한 것이라고 생각합니다.

미후라 : 오프라인 쇼핑이든 온라인 쇼핑이든 불편한 점은 있습니다. 오프라인은 쇼핑하는 데 시간도 많이 걸리고, 또 들고 다니기도 힘듭니다. 게다가 정확한 가격을 알 수 없어서 바가지를 쓰는 경우도 생깁니다. 온라인 쇼핑은 컴퓨터에서 본 것과 실제 받은

물건의 품질 차이가 심하게 나는 경우가 있습니다. 또한 문제가 생겼을 때는 해결하기 힘듭니다. 오프라인 쇼핑이나 온라인 쇼핑이나 모두 불편하기는 마찬가지입니다. 우리 경제에 도움이 되고 안 되고는 그렇게 큰 차이가 없다고 생각합니다.

◆ 우리의 경제 생활과 온·오프라인 매장의 관계에 대해 이야기해 봅시다.

1. 무엇이 소비자의 구매 결정에 영향을 미치는지 이야기해 봅시다.	
2. 오프라인과 온라인 매장의 장단점을 이야기해 봅시다.	
3. 오프라인과 온라인 매장의 관계에 대해 이야기해 봅시다.	

4. TOPIK 대비 실전 글쓰기

◎ **Topik 짧은 글쓰기**

다음 표를 보고 인터넷이 우리 경제에 미치는 영향에 대해 쓰고 올바른 경제 성장이란 무엇인지 200~300자로 쓰십시오.

〈인터넷과 경제성장〉

① 인터넷은 빠르고 편리하다.
② 인터넷 쇼핑몰이 성장하면 관련 사업이 함께 성장한다.

7과

◎ Topik 긴 글쓰기

'인터넷 쇼핑이 우리 경제에 미치는 영향'에 대한 여러분의 견해를 서술하십시오. 단, 아래에 제시된 내용이 모두 포함되어야 합니다.(600~700자)

〈인터넷 쇼핑이 우리 경제에 미치는 영향〉
  인터넷 산업이 발전하면서 우리의 소비 생활도 변화되었습니다. 인터넷 쇼핑의 발달이 우리 사회에 미치는 영향은 무엇이이라고 생각합니까? 인터넷 쇼핑의 영향과 우리 경제가 긍정적인 방향으로 나가기 위한 방법에 대해 글을 써 봅시다.

· 현대 사회에서 인터넷 쇼핑의 필요성
· 인터넷 쇼핑의 역기능
· 오프라인 매장과 인터넷 쇼핑몰의 관계

❖ 글의 개요를 간략하게 정리해 봅시다.

단계	중심내용	내용	핵심어휘
도입	중심내용 1	① 현대 사회에서 인터넷 쇼핑의 필요성	
전개	중심내용 2	② 인터넷 쇼핑의 단점	
	중심내용 3	③ 오프라인 매장과 관계	
정리		④ 나아갈 방향	

❖ 원고지에 주어진 조건에 맞추어 써 보십시오.

❖ 채점 기준에 어긋난 것은 없는지 점검해 보십시오.

구분	채점 근거	점수 구분		
		상	중	하
내용 및 과제 수행 (18점)		6~5점	4~3점	2~0점
	1) 주어진 과제를 충실히 수행하였는가?			
	2) 주제와 관련된 내용으로 구성하였는가?			
	3) 내용을 풍부하고 다양하게 표현하였는가?			
글의 전개 구조 (18점)		6~5점	4~3점	2~0점
	1) 시작과 마무리를 적절하게 구성하였는가?			
	2) 내용 전개의 긴밀성이 있는가?			
	3) 내용의 전환에 따라 문단을 적절히 구성하였는가?			
언어 사용 (10점)	언어의 다양성 (5점)	5~4점	3~2점	1~0점
	언어의 정확성 (5점)	5~4점	3~2점	1~0점
사회언어학적 기능 (4점)	구어적 특징이 드러나는 어휘나 문법 (종결형, 어미, 조사 등)을 사용하지 않고 문어의 특성을 살려 글을 썼는가?	4점	3점	2~0점
			총점	점

Chapter 8

표현의 자유
어디까지 지켜져야 하는가?

I. 유형 연습

※ 문제를 통해 유형을 연습해 봅시다

1

❖ **병원 이용 안내**

여러분께 잠시 안내 말씀드립니다. 우리 병원은 지난 해 '최우수 병원 상'을 받았습니다. 저희는 (㉠), 이에 맞는 최고의 의료 서비스를 제공하기 위해 최선을 다하겠습니다. 보다 나은 병원 서비스를 위해 여러분께 협조를 부탁드릴 사항이 있습니다. 병원에서 핸드폰을 사용할 경우, 병원의 기계에 이상이 생길 수 있습니다. 따라서 (㉡).

㉠ _____
㉡ _____

문형 제안 [토픽 고빈도 문형]

−으로(서) :
신분, 지위, 위상을 표시하는 의미

−으로(써) :
앞의 문장을 수단으로 한다는 의미

📌 그 사람은 <u>대통령으로서</u> 최선을 다했다.
　　　　　　↳ 대통령의 신분

<u>대화로써</u> 갈등을 해결해야 한다.
　　↳ 대화라는 방법, 수단

8과

2

❖ **제품 사용 안내**

　저희 회사의 냉장고를 구입해 주셔서 감사합니다. 이 제품은 기존의 제품들과는 달리 냉동실, 냉장실, 보온실로 이루어져 있습니다. (㉠) 구분해서 보관하실 수 있습니다. 즉, 냉동식품은 냉동실에, 차갑게 보관해야 하는 것은 냉장실에, 따뜻하게 보관해야 하는 것은 보온실에 넣으면 됩니다. 저희 회사는 고객님을 위한 서비스 센터를 24시간 운영하고 있습니다. 그러므로 (㉡) 전화주시기 바랍니다.

㉠ _____

㉡ _____

3

　스마트폰 이용자가 하루가 다르게 늘고 있다. 그런데 (㉠). 이용하는 자세가 좋지 않아 몸에 문제가 생기고, 이용 시간이 늘어나면서 시력이 나빠지는 것이 대표적이다. 현재 스마트폰 기업들은 많은 이익을 남기고 있고, 보다 높은 이익을 위해 더 많은 제품을 판매하려고 한다. 그러나 이제는 (㉡). 이렇듯 소비자의 건강까지도 생각하는 기업은 더 많은 사랑을 받게 될 것이다.

㉠ _____

㉡ _____

4

　인터넷의 사회적 효용은 사용자에 의해 달라진다. 즉 (㉠). 인터넷의 역효과를 막기 위해 도입된 것이 인터넷의 실명제다. 그러나 (㉡). 따라서 제도의 도입보다 더 중요한 것은, 인터넷을 사용하는 사람들이 타인을 배려하고 자신의 말에 대해 책임을 질 수 있도록 교육하는 것이다.

㉠ _____

㉡ _____

II. 주제별 연습

1. 자료를 보고 주제에 대해서 생각해 봅시다

〈자료 1〉

　　스마트폰의 보급으로 언제 어디서나 SNS를 이용한 소통이 이루어지고 있다. 사람들은 자신의 소소한 일상뿐만 아니라 사회적 문제에 대해서도 실시간으로 자신의 의견을 피력하며 서로의 의견을 공감하기도, 비판하기도 한다. 웹에서의 의견 교환은 친구나 안면이 있는 사람에 한정되지 않고 전혀 알지 못하는 어딘가의 누군가와도 가능하다. 이렇듯 활발한 인터넷 활동으로 여론이 형성되기도 하고, 악플로 인한 집단 따돌림이 일어나기도 한다.

☞ 여러분은 SNS를 이용하고 있습니까? SNS에서 어떤 정보를 얻고 있습니까?

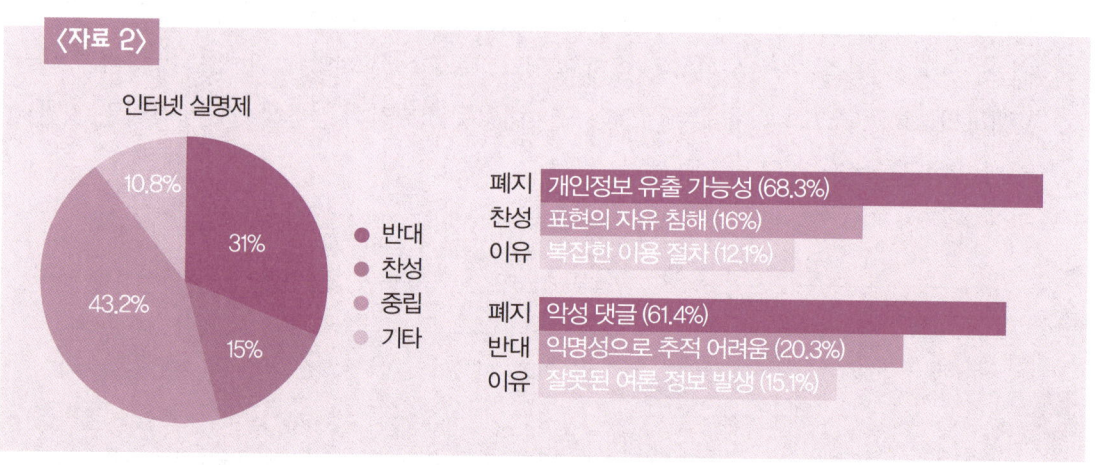

☞ 여러분의 나라에서는 인터넷 실명제가 실시되고 있습니까? 인터넷 실명제가 필요하다고 생각합니까?

2. 주제에 대해 더 자세하게 생각해 봅시다

◆ 인터넷 실명제와 표현의 자유에 대한 자신의 생각을 써 보십시오.

_____
_____
_____
_____

질문1 우리 생활에서 인터넷의 역할은 무엇인가?

첫 번째	두 번째	세 번째

질문2 실명제가 인터넷에 미치는 영향은 무엇이 있는가?

첫 번째	두 번째	세 번째

◆ 여러분은 다음 중 어느 의견에 동의합니까? 자신의 생각과 같은 주장에 ∨표 하고 그 이유를 써 봅시다.

주장	선택
㉠ 인터넷 실명제가 표현의 자유보다 중요하다.	
㉡ 표현의 자유가 인터넷 실명제보다 중요하다.	

나는 두 가지 의견 중 (　)의견에 동의한다. 왜냐하면 _____

_____

_____

_____

_____

_____ .

3. 자신의 의견을 정하고 글을 쓸 준비를 합시다

◆ 이 문제에 대해서 다른 친구들은 어떻게 생각하는지 들어볼까요?

마이클 : 인터넷은 현대 사람들의 가장 친한 친구라고 생각합니다. 아무도 알지 못하는 공간이기 때문에 자신의 생각을 솔직하게 쓸 수 있는 거죠. 인터넷에 자신의 생각을 올려 놓으면 누군가가 그 글을 읽고 댓글을 남깁니다. 그리고 그 문제에 대한 다양한 의견을 나눌 수 있어요. 그러면 내 생각이 부족했던 점, 그리고 내가 알지 못했던 정보를 얻을 수 있어서 좋아요. 하지만 인터넷에 자신이 누구인지 다 밝혀야만 한다면 자신의 생각을 자유롭게 쓰는 것에 부담을 느끼게 될지도 모릅니다. 그러므로 인터넷 실명제는 폐지되어야 한다고 생각합니다.

왕웨이 : 인터넷은 정말 자유로운 의사소통이 가능한 곳이라고 저도 생각합니다. 하지만 그 자유로움이 지나쳐 근거 없는 이야기를 마치 사실인 양 퍼뜨리는 일도 적지 않습니다. 사람들의 무책임한 말과 근거 없는 정보 때문에 피해를 입는 기업이나 상처를 입는 사람들도 생기곤 합니다. 잘못된 인터넷 댓글 때문에 자살을 하는 사람들도 있습니다. 그런데 정작 무책임한 말을 했거나 근거 없는 거짓 정보를 퍼뜨린 사람들은 아무런 제재도 받지 않게 된다면 너무 불공평한 것 아닙니까? 무책임하고 잘못된 여론 형성을 막기 위해서라도 인터넷 실명제는 필요하다고 생각합니다.

> **미후라** : 인터넷 실명제를 해도 악성 댓글을 다는 사람들은 존재하는데, 실명제가 없다면 인터넷은 정말 쓰레기통처럼 변해 버리지 않을까요? 인터넷 실명제는 있어도 문제, 없어도 문제인 것 같습니다. 인터넷은 정말 편리하고 좋지만, 아무나 댓글을 달 수 있다고 해서 함부로 말하는 것이 문제인 것 같습니다.

◆ 인터넷이 참된 여론 형성의 역할을 하려면 무엇이 필요하다고 생각합니까?

1. 인터넷이 여론을 형성에 중요한 역할을 하는 이유를 생각해 봅시다.	
2. 인터넷 여론의 장점과 단점에 대해서 생각해 봅시다.	
3. 올바른 인터넷 여론 정착을 위한 방법에는 어떤 것이 있을까요?	

4. TOPIK 대비 실전 글쓰기

◎ **Topik 짧은 글쓰기**

다음 표를 보고 인터넷 실명제의 장단점과 올바른 인터넷 사용에 대한 자신의 생각을 200~300자로 쓰십시오.

인터넷 실명제의 장점	인터넷 실명제의 단점
① 거짓 정보를 막을 수 있다.	① 자신의 생각을 자유롭게 이야기하기 어렵다.
② 다른 사람을 비방하는 글을 막을 수 있다.	② 해킹으로 개인 정보가 유출될 수 있다.

8과

◎ **Topik 긴 글쓰기**

인터넷 실명제와 표현의 자유에 대한 견해를 서술하십시오. 단, 아래에 제시된 내용이 모두 포함되어야 합니다.(600~700자)

〈인터넷 실명제와 표현의 자유〉
　현대 사회에서 인터넷은 어떤 역할을 하고 있다고 생각합니까? 인터넷이 가져온 편리함과 역기능은 무엇이라고 생각합니까? 올바른 인터넷 문화 정착을 위해 필요한 것은 무엇인지 글로 써 봅시다.

· 인터넷과 현대 생활의 관계
· 인터넷의 역기능
· 올바른 인터넷 문화 정착을 위한 방법

❖ 글의 개요를 간략하게 정리해 봅시다.

단계	중심내용	내 용	핵심어휘
도입		① 현대사회에서의 인터넷의 역할	
전개	중심내용 1	② 인터넷의 역기능의 예	
	중심내용 2	③ 인터넷 실명제의 역할과 효과	
정리		④ 올바른 인터넷 문화 정착을 위한 방법 제안	

❖ 원고지에 주어진 조건에 맞추어 써 보십시오.

❖ 채점 기준에 어긋난 것은 없는지 점검해 보십시오.

구분	채점 근거	점수 구분		
		상	중	하
내용 및 과제 수행 (18점)		6~5점	4~3점	2~0점
	1) 주어진 과제를 충실히 수행하였는가?			
	2) 주제와 관련된 내용으로 구성하였는가?			
	3) 내용을 풍부하고 다양하게 표현하였는가?			
글의 전개 구조 (18점)		6~5점	4~3점	2~0점
	1) 시작과 마무리를 적절하게 구성하였는가?			
	2) 내용 전개의 긴밀성이 있는가?			
	3) 내용의 전환에 따라 문단을 적절히 구성하였는가?			
언어 사용 (10점)	언어의 다양성 (5점)	5~4점	3~2점	1~0점
	언어의 정확성 (5점)	5~4점	3~2점	1~0점
사회언어학적 기능 (4점)	구어적 특징이 드러나는 어휘나 문법 (종결형, 어미, 조사 등)을 사용하지 않고 문어의 특성을 살려 글을 썼는가?	4점	3점	2~0점
			총점	점

Chapter 9

인간이 인간의 생존을 결정할 권리가 있는가?

I. 유형 연습

※ 문제를 통해 유형을 연습해 봅시다

1

❖ 버스 노선 변경 안내

○○○○버스의 운행 노선이 변경되어 알려드립니다.
○○사거리에서 ○○○백화점까지의 구간은 더 이상 (　㉠　).
기존 노선을 이용하셨던 승객 여러분께서는 (　㉡　).
이용에 불편을 드려 죄송합니다.

㉠ _____
㉡ _____

2

❖ 설 명절 영업 시간 안내

설 명절을 맞아, 본 점포의 영업시간을 연장합니다.
설 선물을 구매하시려는 고객 여러분의 편의를 위한 결정이니만큼 (　㉠　).
연휴 기간에는 설 당일에만 휴점을 하며 (　㉡　).
이용에 착오 없으시기 바라며 새해 복 많이 받으시길 바랍니다.

㉠ _____
㉡ _____

9과

문형 제안 [토픽 고빈도 문형]

[명사]이니만큼
[동사/형용사]-니/으니만큼 :
-기 때문에, -(으)니까
앞말이 뒷말의 원인이나 근거가 됨

예 대학생이니만큼 이제 공부는 스스로 해야 한다.
  (= 대학생이기 때문에 이제 공부는 스스로 해야 한다.)
  여름이 되었으니만큼 위생에 신경 쓰세요.
  (= 여름이 되었으니까 위생에 신경 쓰세요.)

3

예전에는 큰 죄를 지은 사람들은 사형을 시켜서 그 죗값을 치르도록 했다. 고대 함무라비 법전에는 '눈에는 눈, 이에는 이'라는 원칙이 있어서 물건을 훔친 사람은 물건으로 그 죄를 갚고, 다른 사람을 죽인 사람은 (㉠). 또한 예전에는 나라의 모든 것이 왕이나 권력자의 소유물이었으니만큼, 사람의 생명 또한 (㉡).

㉠ _____

㉡ _____

4

생명은 세상에 태어난 모든 인간에게 가장 중요한 것이고, 생명을 잃는다면 아무리 귀중한 것도 의미가 없어진다. 또한 더 귀중한 생명도 더 하찮은 생명도 없으며 (㉠   ). 따라서 모든 인간의 생명은 어떤 이유로도 함부로 다루어지면 안 된다. 그럼에도 불구하고 독일처럼 헌법으로 사형제를 금지하는 나라가 있는 반면, (㉡   ).

㉠ _____

㉡ _____

II. 주제별 연습

1. 자료를 보고 주제에 대해서 생각해 봅시다

<자료 1>

20대 여성을 살해한 OOO에게 사형보다 가벼운 무기징역이 선고돼 네티즌들이 분노했다. 살인 혐의로 기소된 그는 1심에서 사형 판결을 받았지만 2심에서 무기징역형으로 감형되었다. 법원은 OOO이 사전에 치밀하게 범행을 계획했다고 보기 어려우며 사회적인 유대 관계가 부족했다는 점 등을 이유로 사형 대신 무기징역을 선고했다. 인터넷에는 OOO이 무기징역을 선고 받았다는 소식에 분노한 네티즌들이 OOO 사형 서명 운동을 벌이기도 했으며, '무식한 재판', '가해자의 인권을 더 우선하는 한국 법원', '어디까지 잔인해져야 사형이냐' 등의 글들을 올렸다.

☞ 살인죄를 저지른 사람에게 무기징역은 가볍다고 생각합니까? 그 이유는 무엇입니까?

_____
_____

<자료 2>

"사형제가 피해자 가족에게 결코 보상이 될 수 없습니다."

테러 및 살인사건 등으로 가족을 잃었으면서도 사형제 폐지를 지지하고 있는 유가족들이 있다. 이 유가족 대표인 쿠싱 씨는 아버지가 살해된 뒤 수년간 정신적인 고통을 겪었지만 결국 아버지를 살해한 자를 사형시키는 것이 어느 누구에게도 도움이 안 된다는 것을 깨달았다고 한다. 그는 사형 제도는 우리가 직접 살인자가 되는 것이라며, 사형을 반대하는 것은 살인자를 도우려는 것이 아니라 살인자의 인권이 침해되는 것을 반대하는 것일 뿐이라고 말했다. 또한 그는 사형제는 오히려 범인의 모험심이나 영웅 심리를 자극하는 등 범죄 예방의 효과도 없다고 주장했다.

☞ 살인 범죄의 피해자 가족들이 사형제에 반대하는 이유가 무엇이라고 생각합니까?

_____
_____

2. 주제에 대해 더 자세하게 생각해 봅시다

◆ 사형제도에 대한 자신의 생각을 써 보십시오.

질문1 사형제도에는 어떤 장점이 있는가?

첫 번째	두 번째	세 번째

질문2 사형제도에는 어떤 문제점이 있는가?

첫 번째	두 번째	세 번째

◆ 여러분은 다음 중 어느 의견에 동의합니까? 자신의 생각과 같은 주장에 ∨표 하고 그 이유를 써 봅시다.

주장	선택
㉠ 사형제는 필요하므로 유지해야 한다.	
㉡ 사형제는 옳지 않으므로 폐지해야 한다.	

나는 두 가지 의견 중 (　)의견에 동의한다. 왜냐하면 _____

_____

_____

_____

_____

_____ .

3. 자신의 의견을 정하고 글을 쓸 준비를 합시다

◆ 이 문제에 대해서 다른 친구들은 어떻게 생각하는지 들어볼까요?

마이클 : 살인 같은 무서운 죄를 지었으면 당연히 죗값을 치러야죠. 남의 목숨을 빼앗았으면서 자신의 목숨은 살려달라는 범죄자를 보면 솔직히 화가 납니다. 특히 연쇄 살인범 같은 흉악범들의 인권도 인정해줘야 할까요? 그럼 살해당한 사람들의 인권은 중요하지 않은 건가요? 만약 우리 가족이나 친구가 살해당했다고 하면 사형 제도를 폐지하라는 말은 못 할 것 같습니다. 살인자들은 사형을 시켜서 죗값을 받아야 한다고 생각합니다. 그리고 사형 제도가 있어야 그게 무서워서라도 살인 범죄가 줄어들지 않을까요?

왕웨이 : 하지만 살인은 나쁜 짓이니 사형을 시켜야 한다는 것은 논리적으로 모순인 것 같습니다. 살인을 저지른 범죄자도 인간인데 사형을 시키는 것은 결국 또 다른 살인 아닌가요? 살인자는 물론 끔찍한 범죄를 저지른 나쁜 사람이지만, 어떤 사람에게 인권이 있는지 없는지는 우리가 판단할 문제가 아닌 것 같습니다. 만약 살인자에게 인권이 없다고 한다면, 실수로 사람을 죽인 사람이나 임무 수행 중에 사람을 죽인 경찰, 군인들에게도 인권이 없는 건가요? 한 번 예외를 두기 시작하면 기준을 세우기가 어려워질 것입니다.

미후라 : 살인을 저지른 범죄자는 용서하기 힘들지만, 사형 제도가 정말 우리에게 필요한

것인지는 감정이 아니라 이성으로 판단해야 한다고 생각합니다. 뉴스를 보면 세계적으로 사형 제도를 없애는 나라도 많지만, 여전히 유지하고 있는 나라도 있거든요. 각각 나름의 이유가 있을 테니 그 이유들에 대해서도 다시 한 번 생각해 본 후에 사형 제도의 폐지 여부를 결정해야 할 것 같습니다. 또 폐지한다면 범죄를 어떻게 줄일 수 있는지에 대한 방법도 생각해 봐야 하고요. 만약에 유지한다면 사형 제도가 갖고 있는 문제는 어떻게 해결해야 할지에 대해서 고민해 봐야 할 것입니다.

◆ 사형제도에 대한 질문들에 답해 봅시다.

1. 사형제도를 유지해야 한다면 그 이유는 무엇입니까?	
2. 사형제도를 폐지해야 한다면 그 이유는 무엇입니까?	
3. 만약 사형제도를 폐지한다면 범죄자는 어떻게 처벌하고, 살인 같은 범죄는 어떻게 막을 수 있습니까?	
4. 사형제도를 유지한다면 사형제도의 문제점은 어떻게 해결할 수 있습니까?	

4. TOPIK 대비 실전 글쓰기

◎ **Topik** 짧은 글쓰기

다음 표를 보고 사형제의 장단점에 대해 쓰고, 사형제를 유지해야 하는지 폐지해야 하는지 200~300자로 쓰십시오.

〈사형제의 장단점〉

사형제의 장점	사형제의 단점
① 범죄에 대한 가장 확실한 경고로서 범죄 예방이 가능하다.	① 사람의 생명을 빼앗는 일이므로 부작용이 생길 수 있다.
② 흉악한 범죄에 대해 심판함으로써 국민들의 지지를 얻기가 쉽다.	② 잘못된 판결이었더라도 사형이 끝난 후라면 돌이킬 수 없다.

9과

◎ Topik 긴 글쓰기

> 다음을 주제로 하여 자신의 생각을 600~700자로 글을 쓰십시오.

> 끔찍한 살인을 저지른 범죄자는 사형을 시켜야 한다는 목소리가 높습니다. 하지만 사형은 문제가 많으므로 폐지되어야 한다는 주장도 많습니다. '사형제'에 대한 여러분의 견해를 아래의 내용을 중심으로 쓰십시오.

- 사형제도를 유지하자는 주장의 근거는 무엇인가
- 사형제도를 폐지하자는 주장의 근거는 무엇인가
- 사형제도에 대한 자신의 의견을 서술하시오

❖ 글의 개요를 간략하게 정리해 봅시다.

단계	중심내용	내용	핵심어휘
도입	중심내용 1	① 사형제도의 필요성 1	
		② 사형제도의 필요성 2	
전개	중심내용 2	③ 사형제도의 문제 1	
		④ 사형제도의 문제 2	
정리	중심내용 3	⑤ 사형제도를 유지(폐지)해야 하는 이유	
		⑥ 문제 해결 방안	

❖ 원고지에 주어진 조건에 맞추어 써 보십시오.

❖ 채점 기준에 어긋난 것은 없는지 점검해 보십시오.

구분	채점 근거	점수 구분		
		상	중	하
내용 및 과제 수행 (18점)		6~5점	4~3점	2~0점
	1) 주어진 과제를 충실히 수행하였는가?			
	2) 주제와 관련된 내용으로 구성하였는가?			
	3) 내용을 풍부하고 다양하게 표현하였는가?			
글의 전개 구조 (18점)		6~5점	4~3점	2~0점
	1) 시작과 마무리를 적절하게 구성하였는가?			
	2) 내용 전개의 긴밀성이 있는가?			
	3) 내용의 전환에 따라 문단을 적절히 구성하였는가?			
언어 사용 (10점)	언어의 다양성 (5점)	5~4점	3~2점	1~0점
	언어의 정확성 (5점)	5~4점	3~2점	1~0점
사회언어학적 기능 (4점)	구어적 특징이 드러나는 어휘나 문법 (종결형, 어미, 조사 등)을 사용하지 않고 문어의 특성을 살려 글을 썼는가?	4점	3점	2~0점
			총점	점

Chapter 10

아이디어도 재산이 될 수 있는가?

I. 유형 연습

※ 문제를 통해 유형을 연습해 봅시다

1

❖ **모집합니다.**

봄 학기에 ㅇㅇ 문화센터에서 기타를 배우고자 하는 신입 회원들을 모집합니다.
기타를 배우고 싶으신 분들은 이번 주 금요일까지 (㉠   ).
인터넷 접수는 하지 않으니 (㉡   ).
기타에 관심 있으신 분들의 많은 참여 바랍니다.

㉠ _____
㉡ _____

2

❖ **알려드립니다.**

우리 아파트에서는 매주 수요일마다 경비실 앞에서 재활용품을 모으고 있습니다.
집에 안 쓰시는 물건이 있으시면 (㉠   ).
재활용품은 모두 모아서 (㉡   ).
여러분들이 보내주신 재활용품은 이웃을 위해 사용되므로 많은 참여 부탁드립니다.

㉠ _____
㉡ _____

10과

문형 제안 [토픽 고빈도 문형]

-ㄹ뿐더러 :
어떤 일이나 행동이 선행절에서 그치는 것이 아니라 다른 일이 더 있음을 나타내는 어미

예 새로 온 친구는 공부도 잘할뿐더러 마음도 착하다
(새로 온 친구는 공부도 잘하고 마음까지 착하다)

장미는 꽃이 예쁠뿐더러 향기도 좋다.
(장미는 꽃도 예쁘고 향기도 좋다.)

3
저작권을 침해하는 것은 개인의 권리를 침해할뿐더러 좋은 창작물을 만드는 것에도 부정적인 영향을 끼칠 수 있다. 저작권 침해는 다른 사람의 (㉠) 따라서 (㉡).

㉠ _____
㉡ _____

4
저작권을 지키기 위해서는 제도를 만드는 것도 중요하지만 먼저 사람들에게 저작권의 중요성을 알리는 것이 필요하다. 저작권이 무엇이고, 어떻게 지켜야 하는지 사람들에게 알리고, 스스로 동참할 수 있게 만드는 것이 중요하다. 법이 아무리 강력하게 만들어진다고 해도 (㉠) 왜냐하면 (㉡).

㉠ _____
㉡ _____

II. 주제별 연습

1. 자료를 보고 주제에 대해서 생각해 봅시다

〈자료 1〉

　서로가 공유하는 저작물에 대한 사람들의 관심이 높아지면서 '저작권 기증'에 대한 대중들의 관심도 늘고 있다. 저작권 기증이란 자신이 창작한 것을 다른 사람들이 자유롭게 이용할 수 있도록 자신의 저작권을 국가에 기증하는 것이다. 많은 사람들의 창작 활동에 도움을 줄 수도 있고, 가치 있는 저작물을 나눌 수 있다는 점에서 의미 있는 활동이라고 보는 사람들이 많다. 해외에서는 유럽의 박물관이나 도서관이 참여하는 경우도 있으며, 인터넷 검색 업체 등에서도 참여하는 경우가 많다. 국내에서는 2005년 '애국가'가 기증되면서 많은 사람들이 '저작권 기부'에 관심을 기울이게 되었다. 만약 '애국가'가 기증되지 않았다면 우리는 애국가를 사용할 때마다 저작권을 고민해야 했을 것이다.

☞ 여러분은 저작권에 대해 얼마나 알고 있습니까? 혹시 여러분 자신도 모르게 다른 사람의 저작권을 침해한 적이 있습니까?

〈자료 2〉

항목	불법게시물 개수	침해규모(원)
영화	796,217	2,176,061,061
방송물	2,246,385	1,459,476,335
음악	161,198	21,439,334
소프트웨어	213,490	76,230,233,830
게임	146,407	3,366,608,870
어문	239,552	841,067,072
총계	3,803,249	84,594,886,502

영상물보호위원회에서 조사한 일주일 간 저작권 침해 현황 (2013. 5)

☞ 자료1과 자료2를 보고 저작권을 기부하는 사람과 침해하는 사람의 차이를 이야기해 봅시다.

2. 주제에 대해 더 자세하게 생각해 봅시다

◆ 저작권에 대한 자신의 생각을 써 보십시오.

_____
_____
_____
_____

질문1 저작권이 지켜져야 한다고 생각하는가?

첫 번째	두 번째	세 번째

질문2 저작권을 지킬 수 있는 방법은 무엇인가?

첫 번째	두 번째	세 번째

◆ 여러분은 다음 중 어느 의견에 동의합니까? 자신의 생각과 같은 주장에 ∨표 하고 그 이유를 써 봅시다.

주장	선택
㉠ 좋은 아이디어는 함께 공유하는 것이 모두에게 바람직한 일이다.	
㉡ 저작권이 지금보다 더 강화되어야 더 좋은 창작물이 나올 수 있다.	

나는 두 가지 의견 중 (　)의견에 동의한다. 왜냐하면 _____
_____
_____
_____
_____ .

3. 자신의 의견을 정하고 글을 쓸 준비를 합시다

◆ 이 문제에 대해서 다른 친구들은 어떻게 생각하는지 들어볼까요?

마이클 : 저는 저작권 침해가 다른 사람의 저작물을 가져다 이익을 볼 때만 발생한다고 생각했습니다. 인터넷에서 블로그를 운영하면서 다른 사람이 찍은 사진이나 음악을 여러 사람과 공유할 때는 괜찮다고 생각했거든요. 그런데 이런 것도 다 저작권 침해라고 합니다. 또 제가 재미있게 본 영화를 다운로드해서 친구들과 함께 볼 때도 문제가 된다고 합니다. 이제는 내가 만든 것이 아니면 저작권 침해가 될까봐 무엇을 하는 것이 겁이 납니다. 무조건 저작권 침해라고 하기 전에 저작권에 대한 사람들의 이해를 구하는 일이 먼저라고 생각합니다.

왕웨이 : 마이클 씨처럼 걱정하는 것도 당연하다고 생각합니다. 그래서 요즘에는 많은 사람들이 '저작권 기부'라는 것을 하고 있어요. 얼마 전에 '대한민국 미술대전'에서 수상한 경력이 있는 실력 있는 미술작가들이 작품을 기증하여 저작권 나눔을 실천한 적이 있다는 기사를 본 적이 있습니다. 무조건 저작권을 주장하기보다는 많은 사람들이 필요로 하는 가치 있는 저작물은 대중들과 공유할 필요도 있다고 생각합니다. 당장은 한 사람이나 한 단체의 이익이 적어질 수 있지만 미래를 생각한다면 그렇게 공유하는 것이 더 좋을 것 같습니다. 그래야 더 많은 창작물이 나올 수 있지 않을까요?

미후라 : 저번에 뉴스를 보니 한 주 동안 영상물과 관련한 저작권 침해 액수가 무려 800억 정도가 된다고 합니다. 특히 불법 소프트웨어와 게임 등은 침해 횟수도 많고 피해 액수도 상당하다는 기사를 보았습니다. 고생해서 만든 창작물이 아무런 허락 없이 사용되거나 재미로 불법 복제된다면 누가 그런 고생을 해서 창작물을 만들고 싶겠습니까? '저작권 나눔'이나 '저작권 기부'도 기본적인 저작권이 지켜져야 가능한 일이라고 생각합니다. 그러기 위해서는 사람들에게 먼저 저작권에 대해 교육하고, 저작권의 중요성을 알리는 일이 이루어져야 한다고 생각합니다.

◆ 저작권을 이해하고 지키기 위해서는 무엇이 필요할까요?

1. 저작권을 지킨다는 것의 의미는 무엇일까요?	
2. 저작권을 침해하는 것의 문제는 무엇일까요?	
3. 저작권을 지키기 위해서 할 수 있는 일은 무엇일까요?	

4. TOPIK 대비 실전 글쓰기

◎ **Topik 짧은 글쓰기**

다음 표를 보고 저작권을 지킨다는 것의 의미와 저작권을 지키기 위해 할 수 있는 일은 무엇이 있는지 200~300자로 쓰십시오.

〈저작권을 지키는 것〉

저작권을 지키는 것의 의미는 무엇인가?	저작권을 지키기 위해 할 수 있는 일은 무엇인가?
① 다른 사람의 창작물을 함부로 사용하지 않는 것이다.	① 저작권이 무엇인지 정확하게 알고 있어야 한다.

② 다른 사람이 만든 창작물에 대한 권리를 존중하는 것이다.

② 저작권을 지켰을 때 더 좋은 창작물이 나올 수 있다는 사실을 이해한다.

◎ Topik 긴 글쓰기

> 다음을 주제로 하여 자신의 생각을 600~700자로 글을 쓰십시오.

> 현대사회는 서로의 창작물을 존중하고 가치를 인정하는 저작권을 중요하게 생각합니다. 저작권을 지키고 개인의 창작물을 보호하기 위해 필요한 것이 무엇인지 아래의 내용을 중심으로 주장하는 글을 쓰십시오.

- 현대사회에서 저작권의 의미는 무엇인가?
- 저작권이 지켜지지 않았을 때 어떤 문제가 발생하는가?
- 저작권을 지키기 위해서 필요한 것은 무엇인가?

❖ 글의 개요를 간략하게 정리해 봅시다.

단계	중심내용	내용	핵심어휘
도입	중심내용 1	① 저작권이란 무엇인가?	
		② 현대 사회에서 저작권을 지킨다는 것은 어떤 의미인가?	
전개	중심내용 2	③ 저작권 침해의 범위는 어디까지인가?	
		④ 저작권을 침해했을 때 어떤 문제가 생기는가?	
정리	중심내용 3	⑤ 저작권을 지키기 위해 어떤 노력이 필요한가?	
		⑥ 저작권이 지켜졌을 때 우리 사회는 어떻게 바뀔 수 있을까?	

❖ 원고지에 주어진 조건에 맞추어 써 보십시오.

❖ 채점 기준에 어긋난 것은 없는지 점검해 보십시오.

구분	채점 근거	점수 구분		
		상	중	하
내용 및 과제 수행 (18점)		6~5점	4~3점	2~0점
	1) 주어진 과제를 충실히 수행하였는가?			
	2) 주제와 관련된 내용으로 구성하였는가?			
	3) 내용을 풍부하고 다양하게 표현하였는가?			
글의 전개 구조 (18점)		6~5점	4~3점	2~0점
	1) 시작과 마무리를 적절하게 구성하였는가?			
	2) 내용 전개의 긴밀성이 있는가?			
	3) 내용의 전환에 따라 문단을 적절히 구성하였는가?			
언어 사용 (10점)	언어의 다양성 (5점)	5~4점	3~2점	1~0점
	언어의 정확성 (5점)	5~4점	3~2점	1~0점
사회언어학적 기능 (4점)	구어적 특징이 드러나는 어휘나 문법 (종결형, 어미, 조사 등)을 사용하지 않고 문어의 특성을 살려 글을 썼는가?	4점	3점	2~0점
			총점	점

Chapter 11

체육 교육의 효용성은 무엇인가?

I. 유형 연습

※ 문제를 통해 유형을 연습해 봅시다

1

❖ **지갑을 찾습니다.**

지난 목요일 학교 도서관에서 지갑을 잃어버렸습니다. 오래전에 친구에게 선물 받은 갈색 지갑입니다. 돈도 얼마 들어있지 않은 낡은 지갑이지만 (㉠). 혹시 (㉡). 전화번호는 010-1234-5678입니다.

㉠ _____
㉡ _____

2

❖ **방 있습니다.**

○○대학교 앞 2층 빌라입니다. 방은 조금 좁은 편이지만 월세가 다른 방보다 저렴합니다. 게다가 (㉠). 이런 방은 인기가 많으므로 서둘러 연락주시기 바랍니다. 단, (㉡). 건물에서 동물 기르는 것을 금지하고 있기 때문입니다. 양해 바랍니다.

㉠ _____
㉡ _____

11과

문형 제안 [토픽 고빈도 문형]

−ㄹ/을 뿐만 아니라 :

그리고. 게다가. −ㄹ/을뿐더러

앞의 상황이나 조건과 뒤의 상황이나 조건 모두

예 그 사람은 잘생겼을 뿐만 아니라 똑똑해요.
　　　　　　　└ 첨가, 병렬

　그 사람의 방은 더러울 뿐만 아니라 냄새도 나요.
　　　　　　　└ 첨가, 병렬

3

　우리 삶에서 중요한 것은 어느 한쪽으로 기울지 않은 균형감이다. 교육에서도 정신과 신체의 균형은 중요하다. 정신적 교육에만 치중하고 신체 교육은 소홀히 한다면 (㉠). 많은 지식을 쌓았다고 한들 건강을 잃는다면 무슨 소용이 있겠는가? 따라서 학생들의 건강을 위해 학교에서의 체육 교육이 반드시 필요하다. 그런데 요즘 학교에서는 (㉡). 그러나 대학 입시 준비보다 더 중요한 것은 학생들이 균형 잡힌 교육을 받는 것이다.

㉠ _____

㉡ _____

4

　사회적으로 유명한 사람을 흔히 '공인'이라고 말한다. 정치인, 경제인, 언론인 등이 여기에 속한다. 그런데 (　㉠　). 이들의 음주운전이나 무례한 행동이 보다 많은 비판을 받는 것도 이런 이유에서다. 요즘은 연예인들도 청소년들에게 미치는 영향력 때문에 '공인'으로 분류되기도 한다. 특히 (　㉡　). 그렇다고 해서 인기가 별로 없는 연예인은 아무렇게나 살아도 된다는 것은 아니다.

㉠ _____
㉡ _____

II. 주제별 연습

1. 자료를 보고 주제에 대해서 생각해 봅시다

<자료 1>

유아의 경우 축구교실을 비롯한 여러 가지 체육교실이 '우후죽순'처럼 늘고 있지만, 학년이 높아질수록 체육 교육을 등한시하는 경향이 있다고 합니다. 초등학교와 고등학교를 비교해 보면, 체육 수업의 비중이 낮다는 것을 알 수 있다고 합니다. 특히 대학 입시를 눈앞에 둔 고등학교 3학년의 경우에는 체육 수업을 하는 대신 자습을 하는 학교도 있다고 합니다. 체육의 중요성은 나이가 들수록 낮아지는 걸까요?

☞ 나이에 따라 체육 교육의 필요성이 달라진다고 생각합니까? 그 이유는 무엇입니까?

<자료 2> 서울 학생건강체력 평가결과 (2012년 83만 6963년 대상 (단위 %)

	1등급	2등급	3등급	4등급	5등급
초등학생 5~6학년	3.6	37.8	50.6	7.6	0.4
중학생	4.2	36.4	45.5	12.9	1.0
고등학생	2.9	29.5	47.1	18.3	2.2

<자료:서울시 교육청>

☞ 위의 그래프는 서울시 교육청에서 학생들을 대상으로 건강 체력을 학년별로 알아보고 가장 좋은 체력인 1등급부터 5등급까지 나눈 것입니다. 이 그래프를 보고 알 수 있는 것은 무엇입니까?

2. 주제에 대해 더 자세하게 생각해 봅시다

◆ 체육 교육에 대한 자신의 생각을 써 보십시오.

_____
_____
_____
_____

질문1 체육 교육은 왜 필요하다고 생각하는가?

첫 번째	두 번째	세 번째

질문2 체육 교육으로 얻을 수 있는 효과는 무엇인가?

첫 번째	두 번째	세 번째

11과

◆ 여러분은 다음 중 어느 의견에 동의합니까? 자신의 생각과 같은 주장에 V표 하고 그 이유를 써 봅시다.

주장	선택
㉠ 체육 교육은 학교 교육에서 반드시 이루어져야 한다.	
㉡ 체육 교육은 학교 교육에서 할 필요가 없다.	

나는 두 가지 의견 중 (　)의견에 동의한다. 왜냐하면 _____
_____
_____
_____
_____ .

3. 자신의 의견을 정하고 글을 쓸 준비를 합시다

◆ 이 문제에 대해서 다른 친구들은 어떻게 생각하는지 들어볼까요?

마이클 : 체육은 몸과 마음의 성장에 필수 불가결한 것이라고 할 수 있습니다. 체육은 자기 몸을 움직여서 성취감을 느낄 수 있는 과목이고, 또 혼자서 하는 것보다는 함께 하는 종목이 많기 때문에 다른 사람을 배려하고 협동하는 방법을 배울 수 있어서 좋다고 생각합니다. 따라서 체육 교육은 꼭 필요하다고 생각합니다.

왕웨이 : 저도 체육 교육이 중요하다고 생각합니다. 그렇기 때문에 학교에서 체계적으로 이루어져야 할 필요가 있다고 생각합니다. 학교에서 교육되어야 할 것은 머리로 배우는 지식뿐만 아니라 몸을 움직여 배우는 것도 포함됩니다. 건강한 몸에 건강한 정신이 깃든다고 하지 않습니까? 정신과 몸이 균형 있게 성장하려면 학교에서의 체육 교육은 꼭 필요한 것이라고 생각합니다.

미후라 : 체육을 따로 수업할 필요가 있을까요? 친구들과 함께 놀고, 또 친구들과 함께 동네에서 경기도 하면서 시간을 보내면 되는 것 아닌가요? 학교 수업 과목으로 배우면 안 그래도 공부할 시간도 부족한 학생들에게 부담만 주는 것이죠. 학교에서는 입시라든지 취업 위주의 수업을 해야 한다고 생각합니다. 학교에서의 체육 교육은 학생이나 교사에게 모두 부담을 줄 뿐이라고 생각합니다.

11과

◆ 학교에서의 올바른 체육 교육을 위해서 무엇이 필요하다고 생각합니까?

1. 올바른 학교 교육이란 무엇이라고 생각합니까?	
2. 학교에서의 체육 교육의 필요성에 대해 어떻게 생각합니까?	
3. 학교에서의 체육 교육은 어떻게 이루어져야 한다고 생각합니까?	

4. TOPIK 대비 실전 글쓰기

◎ **Topik 짧은 글쓰기**

다음 표를 보고 현대 사회의 특징과 현대 사회에서 체육 교육이 필요한 이유에 대해 200~300자로 쓰십시오.

〈현대 사회와 체육 교육〉

① 편리함을 추구하는 사회 분위기 탓에 신체의 움직임이 줄어든다.

② 첨단 기기의 발달로 개인적인 시간이 증가한다.

◎ Topik 긴 글쓰기

다음을 주제로 하여 자신의 생각을 600~700자로 글을 쓰십시오.

〈체육 교육의 필요성〉
　학교에서는 체육 교육이 이루어지고 있습니다. 이와 같은 체육 교육이 왜 필요하다고 생각합니까? 이에 대한 자신의 견해를 서술하십시오. 단, 아래에 제시한 내용이 모두 포함되어야 합니다.

· 체육 교육이 왜 필요한가?
· 체육 교육을 통해 얻을 수 있는 효과는 무엇인가?

❖ 글의 개요를 간략하게 정리해 봅시다.

단계	중심내용	내용	핵심어휘
도입		① 교육의 정의	
전개	중심내용 1	② 체육 교육의 필요성	
	중심내용 2	③ 체육 교육의 효용	
정리		④ 체육 교육의 의의	

❖ 원고지에 주어진 조건에 맞추어 써 보십시오.

❖ 채점 기준에 어긋난 것은 없는지 점검해 보십시오.

구분	채점 근거	점수 구분		
		상	중	하
내용 및 과제 수행 (18점)		6~5점	4~3점	2~0점
	1) 주어진 과제를 충실히 수행하였는가?			
	2) 주제와 관련된 내용으로 구성하였는가?			
	3) 내용을 풍부하고 다양하게 표현하였는가?			
글의 전개 구조 (18점)		6~5점	4~3점	2~0점
	1) 시작과 마무리를 적절하게 구성하였는가?			
	2) 내용 전개의 긴밀성이 있는가?			
	3) 내용의 전환에 따라 문단을 적절히 구성하였는가?			
언어 사용 (10점)	언어의 다양성 (5점)	5~4점	3~2점	1~0점
	언어의 정확성 (5점)	5~4점	3~2점	1~0점
사회언어학적 기능 (4점)	구어적 특징이 드러나는 어휘나 문법 (종결형, 어미, 조사 등)을 사용하지 않고 문어의 특성을 살려 글을 썼는가?	4점	3점	2~0점
			총점	점

Chapter 12

환경은 이용의 대상인가 보호의 대상인가?

I. 유형 연습

※ 유형연습을 통해 어려운 문제를 연습해 봅시다!

1

❖ 부탁드립니다.

아파트 베란다에서 담배를 피우지 말아 주세요.
담배 연기가 창문으로 들어오는 탓에 (㉠).
가족들의 건강을 위해 베란다에서 담배를 피우신다면, (㉡).
담배는 흡연 장소에서 피워주세요.

㉠ _____
㉡ _____

2

❖ 다 같이 응원하러 가요.

우리 학교 축구부가 결승전에 진출했습니다.
그래서 결승전 경기에 (㉠).
그날 학교 수업은 없으므로 (㉡).
그럼 경기장에서 뵙겠습니다.

㉠ _____
㉡ _____

12과

문형 제안 [토픽 고빈도 문형]

[동사]–는 탓에
[형용사]–ㄴ/은 탓에 :
–기 때문에
(부정적인) 현상이나 결과에 대한 원인이나 이유

예 매일 늦게까지 일하는 탓에 늘 피곤해요.
(= 매일 늦게까지 일하기 때문에 늘 피곤해요.)

날씨가 무더운 탓에 에어컨 사용량이 늘고 있다.
(= 날씨가 무덥기 때문에 에어컨 사용량이 늘고 있다.)

3

　인류가 석탄과 석유와 같은 화석에너지를 사용하기 시작하면서 문명은 크게 발전하였고 사용하는 에너지의 양 또한 크게 증가했다. 그러나 (　㉠　).
　따라서 (　㉡　). 현재 부족한 화석 에너지를 대신할 새로운 에너지원으로 가장 가능성이 있는 에너지는 원자력이다.

㉠ _____
㉡ _____

4

원자력은 자칫 잘못하면 엄청난 피해를 줄 수 있다. 따라서 원자력이 중요한 에너지원으로서 계속해서 사용되기 위해서는 (㉠   ). 그런데 지금 사용되고 있는 핵분열 방식보다는 핵이 융합할 때 나오는 에너지를 사용하는 방식이 더욱 안전하다고 한다. 하지만 아직 (㉡   ). 현재 이러한 기술적인 어려움을 극복하기 위해 노력하고 있으므로 머지않아 좀 더 안전한 핵융합 에너지가 널리 사용될 것이다.

㉠ _____
㉡ _____

II. 주제별 연습

1. 자료를 보고 주제에 대해서 생각해 봅시다

〈자료 1〉

독일은 후쿠시마 사고가 발생한 직후 자국 내 원자력 발전소에 대해 3개월 일시 중지를 선언했다. 그리고 중지 기간 동안 8개 원자력 발전소에 대해 안전 평가를 했다. 이를 위해 독일 정부는 약 13억 달러의 손해를 감수해야 했다. 뿐만 아니라 원자력 발전소를 계속 운전하겠다는 정책을 취소했고, 오는 2022년까지 모든 원자력 발전을 중단하기로 결정했다. 이른바 '원자력 발전소 없는 나라'를 선언한 것이다.

☞ 독일이 원자력 발전소의 가동을 중단한 이유는 무엇입니까?

_____

_____

〈자료 2〉

	1984년	2011년
에너지 소비량 (1,000 toe)	53,536	275,688
에너지 수입	224,075	1,206,267

〈통계표명:에너지수급현황 (단위:백만TOE)〉

		2003년	2011년
1차에너지	계	215.1	275.7
	석탄	51.1	83.6
	석유	102.4	105.1
	LNG	24.2	46.3
	원자력	32.4	32.3
	기타	5	8.4
최종에너지	계	164	205.9
	산업부문	90.8	126.9
	수송부문	34.6	36.9
	가정·상업	35	37.5
	공공·기타	3.6	4.6

〈출처:에너지경제연구원『에너지통계연보』〉

☞ 한국의 에너지 소비량은 30년 전에 비해 얼마나 증가했습니까? 이렇게 증가한 이유는 무엇입니까? 한국에서 원자력을 사용하지 않는다면 어떤 문제가 있습니까?

_____

_____

2. 주제에 대해 더 자세하게 생각해 봅시다

◆ 원자력 발전에 대한 자신의 생각을 써 보십시오.

_____
_____
_____
_____

질문1 원자력 발전에는 어떤 장점이 있는가.

첫 번째	두 번째	세 번째

질문2 원자력 발전에는 어떤 문제점이 있는가.

첫 번째	두 번째	세 번째

12과

◆ 여러분은 다음 중 어느 의견에 동의합니까? 자신의 생각과 같은 주장에 V표 하고 그 이유를 써 봅시다.

주장	선택
㉠ 원자력 발전은 현실적으로 꼭 필요하므로 유지해야 한다.	
㉡ 원자력 발전은 미래를 위해서 중지해야 한다.	

나는 두 가지 의견 중 (　)의견에 동의한다. 왜냐하면 _____
_____
_____
_____
_____
_____ .

3. 자신의 의견을 정하고 글을 쓸 준비를 합시다

◆ 이 문제에 대해서 다른 친구들은 어떻게 생각하는지 들어볼까요?

마이클 : 원자력 에너지를 없애자는 건 비현실적인 주장 같습니다. 현대 사회는 전기로 돌아가고 있다고 해도 과언이 아닌데 원자력 발전소 없이 어떻게 그 많은 전기 수요를 감당할 수 있나요? 석탄이나 석유를 이용한 화력발전은 공해도 심할 뿐 아니라 이 연료들도 고갈되어가고 있다고 하는데요. 태양열이나 바람을 이용하는 자연 친화적인 방법은 아직 너무 비싸고 효율도 낮은 것으로 알고 있습니다. 따라서 우리가 잘만 관리한다면 원자력은 현실적으로 가장 깨끗하고 과학적인 에너지라고 생각합니다.

왕웨이 : 하지만 원자력 에너지는 너무 위험해요. 체르노빌이나 후쿠시마에서의 원자력 발전소 사고에서 보듯이 인간이 완벽하게 관리한다는 보장도 없고, 설사 완벽하게 관리한다 하더라도 지진이나 쓰나미 같은 자연재해는 막기가 어렵습니다. 만에 하나 원자력 발전소에서 사고가 터진다면 그 피해는 상상하기조차 어려울 거예요. 그리고 원자력 발전소에서 나오는 쓰레기도 문제입니다. 이 쓰레기에서 방사능이 짧게는 몇 십 년, 길게는 몇 십만 년까지 나온다고 하는데 이걸 처리할 방법이 우리에겐 없어요. 결국 원자력 발전을 지속하자는 것은 지금 우리가 편하자고 미래의 우리 아이들에게 쓰레기를 물려주자는 얘기나 마찬가지입니다.

미후라 : 저 역시 마이클의 말처럼 지금 당장 원자력 발전소를 모두 없애자는 것은 불가능한 주장인 것 같습니다. 하지만 왕웨이의 말처럼 원자력은 아주 위험하기 때문에 너무 의존하는 것도 옳지 않다고 생각해요. 현재의 원자력 발전소들은 일단 유지하되, 인류의 미래를 위해서 안전하고 환경을 파괴하지 않는 친환경적 에너지원을 개발하는 데 모든 노력을 기울여야 할 것 같습니다. 그러한 노력이 현실화된다면 앞으로는 원자력 발전소들을 하나씩 줄여나가서 결국은 원자력 없이도 살 수 있게 되지 않을까요?

◆ 원자력 발전소를 둘러싼 여러 질문들에 대해서 대답해 봅시다.

1. 여러분은 전기 없이 살 수 있습니까? 원자력 발전소가 없어서 전기가 부족해지고 전기료가 아주 비싸진다면 여러분은 어떻게 하시겠습니까?	
2. 여러분은 집 바로 옆에 원자력 발전소를 세운다면 어떻게 하시겠습니까? 완벽하게 관리할 수 있다는 사람들의 말을 믿을 수 있습니까?	
3. 여러분은 원자력 발전소가 없을 경우 여러분이 겪을 불편과, 확률은 낮지만 원자력 발전소에서 사고가 났을 경우 발생할 피해 중 어느 쪽이 더 문제라고 생각하십니까?	

4. TOPIK 대비 실전 글쓰기

◎ **Topik 짧은 글쓰기**

다음 표를 보고 원자력의 장단점에 대해 쓰고, 원자력을 잘 이용하기 위해서는 어떻게 해야 하는지 200~300자로 쓰십시오.

<원자력의 장단점>

원자력의 장점	원자력의 단점
① 적은 에너지로 많은 전기를 생산할 수 있다.	① 폐기물 처리가 어렵다.
② 탄소 배출 등 공해가 적다.	② 사고가 나면 피해가 엄청나다.

12과

◎ Topik 긴 글쓰기

다음을 주제로 하여 자신의 생각을 600~700자로 글을 쓰십시오.

원자력 에너지는 잘 사용하면 인류에게 큰 도움이 되지만 자칫 잘못하면 크나큰 재앙이 될 수도 있습니다. 원자력 에너지를 어떻게 사용하는 것이 좋을지에 대해 아래의 내용을 중심으로 주장하는 글을 쓰십시오.

· 원자력 에너지가 왜 필요한가?
· 원자력 에너지의 문제점은 무엇인가?
· 원자력 에너지를 어떻게 사용하는 것이 좋은가?

❖ 글의 개요를 간략하게 정리해 봅시다.

단계	중심내용	내 용	핵심어휘
도입	중심내용 1	① 원자력의 필요성	
		② 원자력의 장점	
전개	중심내용 2	③ 원자력의 문제 1	
		④ 원자력의 문제 2	
정리	중심내용 3	⑤ 원자력 사용에 대한 나의 생각	
		⑥ 나의 생각에 대한 근거	

❖ 원고지에 주어진 조건에 맞추어 써 보십시오.

❖ 채점 기준에 어긋난 것은 없는지 점검해 보십시오.

구분	채점 근거	점수 구분		
		상	중	하
내용 및 과제 수행 (18점)		6~5점	4~3점	2~0점
	1) 주어진 과제를 충실히 수행하였는가?			
	2) 주제와 관련된 내용으로 구성하였는가?			
	3) 내용을 풍부하고 다양하게 표현하였는가?			
글의 전개 구조 (18점)		6~5점	4~3점	2~0점
	1) 시작과 마무리를 적절하게 구성하였는가?			
	2) 내용 전개의 긴밀성이 있는가?			
	3) 내용의 전환에 따라 문단을 적절히 구성하였는가?			
언어 사용 (10점)	언어의 다양성 (5점)	5~4점	3~2점	1~0점
	언어의 정확성 (5점)	5~4점	3~2점	1~0점
사회언어학적 기능 (4점)	구어적 특징이 드러나는 어휘나 문법 (종결형, 어미, 조사 등)을 사용하지 않고 문어의 특성을 살려 글을 썼는가?	4점	3점	2~0점
			총점	점

Appendix 1

학생 모법답안과 첨삭의 예

[작문 문제의 채점 기준은 크게 네 가지로 살펴볼 수 있습니다. "내용 및 과제 수행, 글의 전개 구조, 언어 사용, 사회언어학적 기능" 이렇게 나뉜 네 가지의 기준에 공통적으로 띄어쓰기나 문장부호 등의 한글 맞춤법까지 모두 지켰을 때 좋은 점수를 받을 수 있습니다. 우리 친구들이 작성한 글을 예로 살펴보도록 할까요?]

3. 우리는 진정한 다문화 사회로 가고 있는가?

다문화 사회란 한 사회에서 여러 문화의 요소들이 섞여 있는 것이다. 21세기에 ①<u>한국나라는</u> 다문화 사회라고 할 수 있다. 이 사실은 ②<u>십년 전이라도</u> 상상하기 어려운 일이다. 학교에서 외국어를 배울 때 원어민 선생님은 흔한 일이다. 젊은 사람들 중에 국제 결혼한 사람들은 적지 않다. ③<u>요즘에 유치원이나 초등학교에서 두 개 국어 쓰는 아이들도 만날 수 있기도 한다.</u> 이렇게 짧은 기간에 보수적이고 전통을 잘 지키던 한국은 다문화사회로 점차 발전하고 있다.

그러나 여러가지 문화들이 부딪칠 때 갈등이 생기는 것이다. 아직도 한국에서 오래 살고 있는 외국인들이 불편함을 겪고 있다. 한국 사람들중에도 아직은 외국 문화를 받아드리기 어렵다고 하는 사람들이 많다. ④<u>아무리 한국어를 유창하게 하더라도 한국인만 알아들 수 있는 농담 또한 한국인만 이해할 수 있는 상황 등을 언어 실력으로만 외국인들은 적응을 완전히 할 수 없다.</u>

그럼에도 불구하고 몇년만 지나면 한국사회는 다문화사회가 될 가능성이 굉장히 높다고 생각한다. ⑤<u>그 이유는 바로 다문화가정의 열매들이다.</u> 오늘 유치원 다니는 두 개 국어 쓰는 아이들은 내일 한국의 미래를 만드는 사람들이기 때문이다. ⑥<u>아직까지 어려운 문제이지만 한국사람들은 좀더 외국인들에 대한 관심을 가지면 건강한 사회를 만들기 위한 큰 도움이 될 수 있다.</u> 그리고 외국인들도 한국문화를 이해하기 위해서 좀더 노력을 해야 한국에서는 성공할 수 있다고 생각한다. (713자)

부록1

① 한국나라는 → '한국은'으로 바꾸는 것이 좋습니다. '한국'이라는 말 안에 이미 '나라'의 의미가 들어 있습니다.

② 십년전이라도 → 십년 전만해도 혹은 십년 전에는 : 십년 전에는 상상하기 어려운 일이었다는 것을 말하고자 하는 표현이기 때문에 가정을 나타내는 문형 '-라도'를 사용하면 어색합니다.

③ '-기도 하다' 문형을 사용하려다보니 자연스럽지 못한 문장이 되었습니다. 간결한 문장을 위해 '아이들도 만날 수 있다.'로 쓰거나 '아이들을 볼 수 있다.' 정도가 자연스럽습니다.

④ 문장이 길어지면 자신이 표현하고자 하는 중심 내용을 담을 수 없습니다. 이런 문장의 경우 두 문장으로 나눠서 작성하거나 접속어나 부호를 이용해 자연스럽게 연결할 수 있습니다.
　예 아무리 한국어를 유창하게 하더라도 한국인만 알아들을 수 있는 농담이 있다. 또한 한국인만 이해할 수 있는 상황이 있어 언어 실력만으로 외국인들이 완전히 적응하기는 어렵다.

⑤ '그 이유는~'과 같이 이유나 원인이 주어로 나오는 경우 일반적으로 '~ 때문이다.'와 같은 서술어와 자연스럽게 연결될 수 있습니다. 비슷한 경우로 '만약 ~라면', '결코 ~부정 표현' 등이 있습니다.

⑥ 학생 답안에서는 '관심을 가지면'이라고 가정 표현을 사용했기 때문에 자연스러운 문장을 위해서는 '될 수 있을 것이다.'와 같은 추측 표현이 적당합니다.

총평 주어진 중심 내용에 맞게 잘 작성되었으나 두 번째 중심 내용인 다문화 사회의 문제점에 대한 기술이 조금 부족해 보입니다. 다문화 사회의 문제점에 대한 내용이 정확하게 들어가야 문제점에 대한 해결 방안과 함께 앞으로의 방향도 정확하게 쓸 수 있을 것입니다. 수고하셨습니다.

4. 개인과 집단, 무엇을 우선시해야 할 것인가

사람은 사회적인 존재이다. 태어나자마자 우리는 첫 사회의 한 부분이 된 것이다. ①그게 바로 가족이다. 사람은 누구나 이기적인 성격을 가지고 있다. 위기에 처하면 자기 생명과 친척이나 가까운 ②사람의 구하기 우선적이다. 개인적으로 행복하지 않으면 사회도 성공하지 못한다고 생각할 사람들이 있다. 그럼에도 불구하고 개인 이익만 ③구하려면 집단은 피해를 입을 수 있다는 사실이다. 바로 여기에 갈등이 생긴다. 또한 사회에서 최대한 다수의 이익을 위해서 한 사람은 희생하게 된다는 것이 불공평한 일이기도 한다. ④집단과 다르게 생각할 이유로 개인을 무시하는 것은 바르지 않다는 것이다. 다른 사람들과 같이 생활을 하기 때문에 이기적인 사람은 사회의 한 부분이 된다. 결국에 사람은 개인 이익을 얻으려고 할 때 집단 사이에 여러 가지 문제들이 발생한다.

사람은 이기적인 존재이지만 자기를 위해서만 살 수 없다고 생각한다. 심리적으로와 정신적으로 건강하고 성공한 사람이 되려면 사회생활을 해야 한다. 사람은 주관이 필요하지만 어떤 때 집단을 위해서 희생할 줄 알아야 한다고 생각한다. 그리고 집단은 개인을 무시하지 않도록 해야 한다. 서로 의견을 듣고 이해하려고 각 상황에서 해결책을 찾으려고 노력해야 한다. 그래야 개인적으로도 사회적으로도 성공할 수 있을 것이다. (645자)

① '그게 바로 가족이다.'의 '그게'가 지칭하는 것이 정확하지 않습니다. 이런 경우 자신이 쓰고자 하는 주어를 그대로 적는 것이 정확한 표현이 될 수 있습니다. '그 사회가 바로 가족이다.'와 같이 고친다면 학생이 의도하는 의미로 고쳐질 수 있을 것 같습니다.

② 여기서는 구하는 대상이 필요하니 '사람을 구하는 것이 우선적이다.'와 같이 고치면 자연스럽게 이어질 수 있습니다.

③ 의도를 나타내기 위해 '-려면'을 사용한 것은 좋지만 여기서는 '구하면'이나 '추구하면'과 같이 고치는 것이 자연스럽습니다.

④ '바르지 않다는 것이다.'는 다른 사람의 말을 가져온 것이 아니고 내 의견을 말하는 것이니까 '바르지 않다.'로 고치는 것이 자연스럽습니다. 또한 '집단과 다르게 생각할 이유로'는 '집단과 다르게 생각한다는 이유로'로 바꾸는 것이 자연스럽습니다.

총평
세 가지 중심 내용에 대해 작성할 때는 문단을 세 문단으로 작성하는 것이 중심 내용을 전달하기에 편리합니다. '개인과 사회'의 관계에 대해서 한 문단을 작성하고, '갈등을 일으키는 이유'에 대한 문단을 따로 작성하는 것이 글의 전개와 구조에도 도움이 될 것 같습니다. 마지막 문단에 작성한 극복 방안은 중심 내용을 전달하는 역할과 글을 마무리하는 역할을 잘 수행한 것으로 보입니다. 수고하셨습니다.

6. 다수의 선택은 항상 옳은가

다수결이란 어떤 사건에 대한 의견이 서로 다를 때 투표 방식을 통해 진행하는 것이고 ①사람이 상대적 많은 편의 의견에 따라 결정하는 것이다. 그래서 다수결의 원리는 민주주의의 기본 원리라고 한다.

현재 전 세계에서는 민주주의를 실현하기 위해서 노력 중이다. 하지만 사람들이 서로 의견 충돌 없이 살아가는 것이 아니다. 오히려 자신들의 이익을 위해서 싸울 수도 있고 심지어 국가의 안정을 파괴하는 짓도 할 수 있다. 사람들의 의견 충돌으로 ②야기하는 것이 무시하면 안 된다. 그럼, 어떻게 그 의견 충돌을 잘 해결할 수 있을까? 이럴때에는 다수결의 원리는 필요하다. 사람들이 모두 다수결의 방식을 인정하는 경우에 다수결이 의견 충돌을 해결시키는 가장 좋은 것이라고 할 수 있다.

그러나 다수결 원리도 완벽한 방식이 아니다. ③그것이 대다수 사람들의 뜻만에 따라 결정을 내리는 것이다. 보통 결정할 때는 소수의 의견은 무시를 당할 ④뿐이다. 이렇게 보면 소수 사람들의 의견이 그렇게 중요하지 않고 당연히 무시되는 것인가? 소수의 이익을 어떻게 보호해야 할까? 이것은 다수결 원리의 문제점이다. 이러한 문제점을 해결하기 위해 다수의 의견에 따라 결정하는 동시에 소수의 의견도 중시해야 한다. ⑤또 그들의 이익을 위해서 또 일정한 대책을 행해야 한다. 그렇게 해야 전체 사람들은 마음 속에서 다수결을 ⑥인정해야 한다고 본다.(680자)

① 정확하지 않은 표현을 쓰는 것보다는 쉬운 표현을 통해 정확하게 전달하는 것이 중요합니다. '사람이 상대적 많은 편'으로 적기 보다는 '더 많은 사람들의 의견에 따라'와 같이 쉽고 정확한 표현으로 쓰는 것이 좋습니다.

② 전체 문장의 의미로 '야기하다'를 적어도 틀린 것은 아니지만 여기서는 사람들의 의견 충돌로 문제가 발생하는 것을 말하는 것이므로 '발생하는 것을' 혹은 '생기는 문제를'과 같이 고치는 것이 자연스럽습니다.

③ '그것'과 같이 앞에 말을 지칭하는 표현은 앞에 대상이 분명하지 않은 경우 내용을 이해하기 어려울 수 있습니다. 이런 때에는 '다수결의 원리는'과 같이 주어를 다 적어 주는 것이 정확한 의미 전달에 도움이 됩니다.

④ '무시를 당할 뿐이다.'의 의미는 '항상 무시를 당한다.'의 의미이거나 '무시를 당하는 것 외에 다른 일이 없다.'의 의미가 될 수 있습니다. 이 문장에서는 '무시를 당하는 일이 많다.'의 의미이므로 '무시를 당하기도 한다.', '무시를 당하는 일이 많다.'와 같이 고치는 것이 자연스럽습니다.

⑤ '일정한 대책을 행해야 한다.'는 문제점을 극복하는 방안으로 보기 어렵습니다. 이 문제에서 묻고자 하는 것이 어떤 대책을 세우는 것이 좋은지를 묻는 것이기 때문에 구체적인 해결 방안이 필요합니다. 예를 들어 '한 사람 한 사람의 의견을 다시 듣고, 끝까지 의견을 들을 수 있는 자리를 만들어야 한다.'와 같이 자신의 생각이 충분히 담긴 극복 방안이 필요합니다.

⑥ '인정해야 한다고 본다.'를 '인정할 수 있을 것이라 생각한다.'나 '인정할 수 있다고 생각한다.'로 바꾸는 것이 자연스럽습니다.

총평 다수결의 원리와 다수결의 원리가 갖는 문제점을 잘 적었습니다. 또한 중심 내용에 맞게 문단을 나눠서 내용 전달도 잘 되었습니다. 다만 앞에 쓴 것처럼 마지막 문단의 극복 방안을 조금 더 구체적으로 적고 조금 쉬운 표현으로 문장을 작성한다면 더 좋은 작문이 될 수 있을 것입니다. 수고하셨습니다.

8. 표현의 자유 어디까지 지켜져야 하는가

　지금 우리가 살고 있는 21세기는 인터넷이 가장 중요한 ①역할을 맞고 있습니다. 우리는 인터넷으로 각양각색의 정보를 일시에 얻을 수 있습니다. 비록 인터넷은 우리에게 편의를 주었지만 사물에게는 양면성이 있듯이 그것은 우리에게 해를 끼칠 때도 있습니다.

　누구든지 자기가 좋아하는 연예인 아니면 좋아하는 사람의 사이트에서 자기의 발자취를 남겨본적 있으시죠? 그런데 가끔 악성 댓글 때문에 그러면 많은 사람이 상처를 받고 우울증에 걸리어 자살하는 사건들이 종종 발생하고 있습니다. 좋은 말은 천번 들어도 질리지 않지만 나쁜 말은 한번 들으면 기분이 나쁘게 된다는 말이 있듯이 자기가 좋아하지 않는 사람이라면 굳이 그런 댓글로 뒤에서 욕할 필요는 없을거라고 나는 생각합니다. 자기가 좋아하지 않으면 관심을 가지지 않으면 되고 ②이 세상에는 완벽한 사람이 없듯이 자기 스스로를 반성하는 시간도 필요할것 같습니다. 남이 나를 그렇게 뒤에서 욕하면 어떨까? 생각만 해도 엄청 끔찍한 일이지요? ③그래서 고민하고 고민하고 또 고민하여 일을 행하는것이 가장 올바르다고 나는 생각합니다.

　우리의 사회를 아름다운 사회로 유지하고 싶으면 지금 부터 나쁜 마음을 버려 주십시오. 당신의 그 한마디에 이 사회의 미래를 망칠 수도 있기때문입니다. 더욱 더 아름다운 인터넷 댓글 문화를 위하여 우리 함께 힘을 냅시다. (665자)

① '역할을 맞는다.'라는 표현이 틀린 표현은 아니지만 앞의 주어를 생각할 때 '역할을 하고 있다.'로 고치는 것이 자연스럽습니다.

② 두 번째 문단에는 인터넷의 역기능, 그러니까 인터넷의 부정적인 부분과 문제점을 적는 부분인데 ②번 문장은 전체 글의 흐름에 어울리지 않는 문장입니다. 오히려 댓글로 인한 부정적인 영향이나 결과를 적는 것이 전체 글의 내용에 어울릴 것 같습니다.

③ 이 문장은 두 번째 문단에서 이야기한 '인터넷의 역기능'에 대한 문제 해결 부분으로 볼 수 있는데 조금 더 구체적인 내용이 들어가는 것이 좋습니다. 신중하게 행동한다는 의미로 적은 것이니 '댓글을 쓸 때 조금 더 신중하게 생각해 보고, 언젠가 나에게 그런 댓글이 달릴 수 있다는 생각으로 댓글을 달아야 할 것입니다.'와 같이 앞에 이어지고 있는 댓글 문제에 대한 의견을 적는 것도 좋겠습니다.

총평

인터넷과 현대 생활의 관계 및 인터넷의 역기능으로 댓글을 예로 작성하였습니다. 댓글 작성을 예로 들어 이해하기 쉬운 글이 된 것은 좋지만 문단의 앞이나 뒤에 '인터넷의 역기능'을 알 수 있는 문장이 들어가고, 그것에 대한 예로 댓글을 이야기하는 것이 문제에서 요구하는 중심 내용에 더 적합할 것으로 보입니다. 수고하셨습니다.

9. 인간이 인간의 생존을 결정할 권리가 있는가

①사람이야말로 나쁜 짓을 하면 일정한 처벌을 받아야 된다. ②그래서 끔찍한 살인조행을 범하면 당연히 동등한 처벌을 받아야 한다고 생각한다. 그렇다면 우리는 이 사형제도를 유지해야 할까?

살인 범죄자는 자신의 이익을 위해 다른 사람의 목숨을 빼앗고 다른 사람들로 하여금 사랑하는 가족 멤버나 친구가 이 세상에서 사라지는 큰 고통을 겪게 한다.

그러나 어떤 사람은 사형제도를 폐지해야 한다고 주장한다. 살인 범죄자가 남을 죽이는 것이 큰 죄이지만 사형제도가 보복적인 면이 있고 살인자의 인권을 침범한다는 문제도 가볍게 볼 수 없다는 것이다.

사형제도에 대한 두 가지 다른 주장은 각각 근거가 있는 것 같다. 그러나 내가 보기에는 사회의 안전과 사람들의 삶, 행복을 장기적으로 유지하려면 끔찍한 사형제도를 폐지하는 것이 더 나은 것 같다. 살인자는 끔찍한 범죄를 저지른 나쁜 사람이지만 그들에게 반성하고 자신을 개선하는 기회를 주어야 한다. 살인자는 자신 반성을 통해 자신의 조행을 의식하고 개선하는 방법도 찾을 것이다. 앞으로 사회에 자신의 힘을 기여할지도 모른다. 그리고 사회 봉사 활동을 억지로 시키고 특히 ③살인을 당하는 가족을 위해 뭐가 의미있는 것을 해 줘야 한다. 그렇게 해야 다른 사람들, 사회의 용서를 받을 수 있을 것이다. (641자)

① '-야말로' 문형은 강조하는 의미의 문형입니다. ①번과 같이 사용할 경우 다른 동물 중에서 '사람만'을 강조하는 의미가 될 수 있습니다. 이럴 때는 '사람은'과 같이 적는 것이 자연스럽습니다.

② 이 문제의 중심 내용을 살펴보면 '사형 제도를 찬성하는 입장'과 '반대하는 입장', 그리고 자신의 입장을 적는 것이 중심 내용이라고 할 수 있습니다. 첫 번째 문단에는 '사형 제도를 찬성하는 입장'에 대한 의견을 적는 것이 전체 글의 흐름에 더 어울릴 것 같습니다. ②번 문장을 마지막 문단에 적고, 첫 번째 문단의 마지막에 사형 제도를 찬성하는 사람들의 의견을 한 문장 더 넣는 것도 좋을 것 같습니다.

③ 여기서는 '가족'이 살인을 당하는 것이 아니라 살인으로 가족을 잃은 사람들을 말하는 것이므로 '가족을 잃은 사람들을 위해' 정도로 고치는 것이 자연스럽습니다.

총평 찬성과 반대 의견을 고루 적고, 거기에 자신의 생각을 적어야 하는 어려운 문제입니다. 답안을 작성한 친구는 이 문제에서 요구하는 내용을 잘 이해하고 적은 것으로 보입니다. 다만 글을 쓰기 전에 다시 한 번 '개요 작성하기'를 통해 전체 글을 어떤 순서로 쓸 것인지 생각해 보는 것도 좋을 것 같습니다. 내가 쓰고 싶은 내용과 문장이 전체 글의 어디에 들어가는 것이 좋을지 조금만 더 고민한다면 자신의 의견을 주장하는 좋은 글이 될 수 있을 것입니다. 수고하셨습니다.

11. 체육교육의 효용성은 무엇인가

인생을 보낼 때 균형잡힌 삶을 살아야 된다. 어느 측면을 신경 더 쓰면 우리 인생에 다른 측면이 부족해질 수 있다. 마찬가지로 학창 생활을 보낼 때 균형 잡힌 교육을 해야 된다. 균형 잡힌 교육을 어떻게 할까? 몸과 마음을 ①둘이 성장시킴으로써 할 수 있다.

현대 사회는 옛날 사회와 비교하면 차이가 많이 생겼다. 현대 학생은 ②할 일이 많아질뿐더러 자유 시간도 별로 없다. 옛날보다 ③학교가 많이 경쟁해졌다. 어릴때부터 학점을 위해서 신경을 많이 쓴다. 이러한 이유 탓에 학교에서 체육 교육이 부족해졌다. 하지만 체육을 교육함으로써 교육이 도움이 된다. 학창에서 과목 하나 공부를 하면서 남은 과목에 관심을 갖지 않은 것이 좋지 않다. 마찬가지로 ④마음만 신경을 쓰거든 안 좋다.

그럼 체육 교육을 통해 얻을 수 있는 효과는 무엇인가? 첫번째 스트레스를 많이 받는 학생들은 운동함으로써 스트레스를 풀 수 있다. 물론 체육을 싫어하는 학생이 있는데 대부분 운동으로 마음이 가벼워질 수 있다. 게다가 당연히 건강에 좋다. 몸이 좋으면 마음이 좋다는 말이 잘 어울린다. 마지막으로 체육은 협동하는 행동이다. 운동함으로써 ⑤팀워크와 대표직을 배울 수 있다. 학생들은 어른이 되면 이러한 능력이 너무 중요하다고 생각한다. (621자)

① 몸과 마음 모두를 성장시킨다는 의미이므로 '함께'를 사용하는 것이 자연스럽습니다.

② 할 일이 많아졌고 거기에 더해서 자유시간도 없다는 의미로 사용하기 위해서는 '할 일이 많아졌을 뿐더러'로 적는 것이 좋습니다.

③ 옛날보다 학교에서 경쟁을 많이 한다는 의미로 적는 것이므로 '학교에서 경쟁이 심해졌다.', '학교에서 경쟁을 많이 한다.'로 쓰는 것이 더 정확한 표현입니다.

④ 공부를 마음에 비유하고 운동을 몸으로 표현한 것 같습니다. 표현한 의도는 알지만 여기서는 직접적으로 '공부'라고 표현하거나 '건강에는 신경 쓰지 않고 지식만 채우는 것은 좋지 않다.'와 같이 의미를 바로 알 수 있게 표현하는 것이 중요합니다.

⑤ '팀위크'는 외래어 '팀워크'를 표현한 것으로 보입니다. 이 단어는 한국어 표현 '협동심'으로 쓰는 것이 자연스럽습니다. 대표직은 영어 'leadership'을 의미하는 것으로 보입니다. 이런 때는 '통솔력'이라는 한국어 표현을 사용할 수 있습니다.

> **총평** 체육교육이 왜 필요한지의 이유와 체육 교육의 중요성을 잘 작성하였습니다. 특히 우리 인생에서 균형 잡힌 삶의 중요성과 체육 교육의 필요성을 연결시켜 쓴 부분은 문제의 의도와 잘 맞는 부분이라고 할 수 있습니다. 또한 체육 교육의 효과를 세 가지로 나눠서 쓴 부분도 문제에서 요구하는 중심 내용과 잘 어울리는 부분입니다. 다만 앞으로 작문을 할 때는 단어의 의미를 정확히 알고 내가 의미를 정확하게 알고 있는 단어를 이용해서 글쓰기를 한다면 더 좋은 글이 될 수 있을 것 같습니다. 수고하셨습니다.

12. 환경은 이용의 대상인가 보호의 대상인가

　현대 사회의 사람의 일상생활이나 경제 발전을 만족시키기 위해 전기가 많이 필요하다. 그래서 많은 나라가 원자력 발전소를 지었다. 원자력으로 발전하면 지구온난화의 주원인인 온실가스를 가장 적게 배출한다. 또한 자원이 부족한 나라에서는 원자력 발전소가 전기 수요량을 만족시킬 수 있는 가장 좋은 방법이기도 하다.

　이러한 좋은 점을 가지고 있는 반면에 원자력 발전도 많은 문제점을 가지고 있다. 발전소를 지을 때 물론 안전하게 조절하는 장치를 설치했지만 인류가 예측할 수 있어도 막을 수 없는 지진이나 쓰나미 등 자연재해가 나면 ①원자력 발전소가 전 인류를 멸망시키는 킬러가 될 수도 있다. 또한 원자력 발전소에서 나오는 폐연료도 문제이다. 이 폐연료는 엄청난 방사능이 몇 년 심지어 몇 십년까지 나온다. 이 폐연료를 잘 관리하지 못하면 지금 원자력 발전으로 얻는 편안함보다 우리가 그 백 배나 천 배의 피해를 우리의 자손에게 줄 것이다.

　지금 원자력 발전보다 더욱더 환경을 적게 파괴하는 발전 방법을 찾지 못했으니까 원자력 발전을 안 할 수가 없다. ②원자력 발전의 많은 문제점을 해결하는 방법을 찾는 동시에 원자력 발전보다 더욱더 나은 발전 에너지를 개발하면서 안전하는 데에 모든 노력을 기울여야 한다. 우리의 노력으로 원자력 발전소를 없애고 우리의 자손들에게 안전하고 깨끗한 지구를 남겨줘야 한다. (665자)

① 원자력 발전소를 '킬러'에 비유해 표현한 것은 좋았습니다. 다만 이 글에서는 '킬러'라는 비유적인 표현보다는 '원인'이라는 어휘를 사용하거나 '원자력 발전소로 인해 전 인류가 멸망할 수도 있다.'와 같이 '-로 인해' 문형을 사용하는 것이 조금 더 자연스러울 것 같습니다.

② 우선 이 문장의 길이가 길어지면서 본래 말하고자 하는 의도와 내용이 정확하게 표현되지 않았습니다. 이런 때는 '원자력 발전의 많은 문제점을 해결하는 방법을 찾는 동시에 원자력 발전보다 더욱 더 나은 발전 에너지를 개발해야 한다. 또한 현재 원자력 발전소를 안전하게 관리하는 것에 모든 노력을 기울여야 한다.'와 같이 두 문장으로 나눠서 쓰면 내가 표현하고자 하는 내용이 더 정확하게 표현될 수 있습니다.

> **총평**
> '지구온난화', '쓰나미', '폐연료' 등 이 주제로 글을 쓰기 위해 필요한 어휘를 잘 활용한 것 같습니다. 또한 원자력 에너지를 사용하는 이유와 원자력 에너지를 사용했을 때의 문제점 등을 정확하게 이해하고 글을 쓴 것으로 보입니다. 이 두 가지 중심 내용은 두 문단으로 나눠 잘 작성하였습니다. 마지막 문단에서는 원자력 에너지를 계속 사용할 수밖에 없는 이유와 계속 사용하기 위해 필요한 부분을 적어 자신의 의견을 분명히 표현하였습니다. 문장의 길이가 너무 길어지지 않도록 문장을 쓰는 연습을 하면 더 좋은 글이 나올 수 있을 것 같습니다. 수고하셨습니다.

Appendix 2

토픽 시험 전략

2.1 글쓰기 전략

■ 쓰기는 모두 네 문제입니다.
  1번~2번 문제는 글의 흐름에 맞게 (　)에 내용을 써 넣는 것이고
  3번~4번은 일상 생활 또는 공적 생활과 관련된 논리적 글쓰기 문제입니다.

1. 문제를 잘 읽으세요.

♠ 예 – 본문 12과 문제

다음을 주제로 하여 자신의 생각을 600~700자로 글을 쓰십시오.
  원자력 에너지는 잘 사용하면 인류에게 큰 도움이 되지만 자칫 잘못하면 크나큰 재앙이 될 수도 있습니다. 원자력 에너지를 어떻게 사용하는 것이 좋을지에 대해 아래의 내용을 중심으로 주장하는 글을 쓰십시오.

· 원자력 에너지가 왜 필요한가?
· 원자력 에너지의 문제점은 무엇인가?
· 원자력 에너지를 어떻게 사용하는 것이 좋은가?

◎》 문제를 잘 읽고 무엇을 써야 하는지, 포함되어야 하는 내용이 무엇인지 파악하는 것이 가장 중요합니다.

  예 · 무엇을 써야 하는가 : 원자력 에너지 사용의 문제점
     · 포함되어야 하는 내용 : 원자력 에너지를 사용하는 이유, 원자력 에너지의 문제점, 원자력 에너지 사용에 동의하는지의 여부와 그 이유

2. 쓸 내용을 생각합니다.

◉» 먼저 왜 이런 문제를 냈는지 의도를 파악하세요.
　　예 · 원자력 에너지에 대한 찬성과 반대의 주장을 이해하고 자신의 의견을 정리할 수 있는가

◉» 소재가 어떤 분야와 관계가 있는지, 그리고 소재와 관련해서 의견이 찬반양론으로 나뉘는지 생각해보세요.
　　: 문제에서 꼭 포함시키도록 제시한 내용에서 힌트를 얻습니다.
　　예 · 소재의 속성 : 원자력 에너지 → 산업 발달 vs. 환경 보호
　　　 · 문제에서 제시한 내용
　　　　 : 원자력 에너지가 왜 필요한가? → 원자력 찬성자들의 의견을 정리
　　　　　 원자력 에너지의 문제점은 무엇인가? → 원자력 반대자들의 의견을 정리

◉» 본인의 입장은 어떤지 정리하세요. 그렇게 생각하는 이유와 근거가 반드시 있어야 합니다.

3. 개요를 작성하세요.

◉» 무엇을 써야 하는지 파악하였고 내용 구상이 완료되었으면 간단하게 개요를 씁니다.

◉» 시간이 없더라도 중요한 단어만이라도 이용해 간단히 개요를 쓰는 것이 좋습니다. 개요를 쓰지 않으면 글의 통일성을 유지하기 어렵고 시작과 끝이 다른 비논리적 글을 쓰기 쉬워요.

♠ 개요 작성 예시

도입	전개	정리
· 원자력 에너지의 필요성 · 원자력 에너지의 장점	· 원자력 에너지의 단점 · 원자력 에너지의 문제점	· 원자력 에너지는 지금 당장 필요 　∵ 현대 사회는 많은 전기가 필요 · 미래에는 원자력 에너지 사용 안 해야 함 　∵ 원자력 폐기물 등 많은 문제 있음

- ◉》 도입 : 중요 개념의 정의를 내리고 관련된 사실에 대해 서술합니다. 찬반양론이 나뉠 경우 찬성론자들의 주장을 쓰는 것도 좋습니다.

  전개 : 극복해야 할 문제나 상황 및 그 이유에 대해 서술합니다. 반대론자의 주장을 쓰는 것도 좋습니다.

  정리 : 도입, 전개 부분의 내용을 정리하고 이를 근거로 자신만의 결론을 내립니다.

- ◉》 내용 구상과 개요 쓰기는 동시에 해도 좋습니다. 글을 쓰기 시작한 후에 새로운 내용이 생각나면, 글의 통일성이 깨지지 않도록 생각난 내용을 개요에 먼저 추가한 뒤 글의 흐름에 문제는 없을 지 검토해보세요.

 글쓰기

- ◉》 개요 쓰기가 완료되면 글쓰기를 합니다.

- ◉》 답안지를 대략 3등분 하고 각 단락을 거기에 맞춰 쓴다는 생각으로 작성합니다. 단락이 바뀌면 반드시 줄바꿈을 해서 한 칸 띄어 쓰는 것을 잊지 마세요.

- ◉》 700자를 넘지 않도록 하고, 글쓰기가 완료되면 문제에서 제시한 내용들이 모두 포함되었는지 점검합니다.

- ◉》 정확한 어휘와 문법을 사용하고 문어체로 작성하는 것은 기본이겠지요? 하지만 정확하게 쓰기 위해 너무 쉬운 문형만을 사용하는 것은 감점의 요인이 되니 주의하세요.

- ◉》 가장 중요한 것은 문제에서 물어보는 것을 쓰는 것입니다. 다른 내용을 쓰면 안 돼요!

2.2 도입부 쓰기 전략

- 글의 첫 부분인 도입에서는 독자의 관심 유발과 앞으로 전개될 이야기에 대한 언급, 그리고 이 글을 쓰는 이유가 포함되어 있어야 한다. 특히 독자는 도입을 통해 이 글을 계속 읽을 것인지 아닌지를 결정하게 된다. 그러므로 어느 정도로 독자의 관심을 끌 수 있느냐가 중요한 포인트이다.
  ① 재미있는 이야기로 흥미를 끌며 시작
  ② 공감할 수 있는 일상적인 이야기로 편안하게 시작
  ③ 시사적인 이야기나 이슈가 되고 있는 이야기로 관심을 끌며 시작
  ④ 질문으로 호기심을 유발하며 시작

① 굴비와 이자겸과의 이야기 / 자린고비 이야기로 시작

조기가 '굴비'라는 이름을 얻게 된 이유는 고려시대 세도가 이자겸에게서 비롯된다. – 중략 (이자겸 이야기 소개) – 유배를 갔지만 왕에게 선물하고 싶을 정도로 맛이 좋은 굴비. 이 굴비에 대해서 좀 더 자세히 알아보자.

단돈 10원도 함부로 쓰지 않는 자린고비. 하지만 그 자린고비도 돈을 쓰지 않을 수 없는 것이 있었으니 그것이 바로 '굴비'이다. 굴비 한 마리를 사서 천정에 매달아 놓고 밥 한 숟가락 먹을 때마다 한 번씩 쳐다보았다는 이야기는 한국 사람이면 누구나 알고 있을 정도로 유명하다. 이처럼 굴비에는 누구도 피해갈 수 없는 맛있는 매력이 숨겨져 있다. 지금부터 굴비의 매력을 하나씩 파헤쳐[1] 보자.

---

[1] 속에 감춰져 있는 것을 겉으로 드러나게 하다.

🐰 ② 밥도둑 굴비

　한국인 밥상의 대표적인 도둑은 단연[2] 굴비와 게장이다. 다른 반찬은 없더라도 굴비와 게장만 있으면 마파람에 게 눈 감추듯[3] 금세 밥 한 그릇을 뚝딱[4] 해치울[5] 수 있다. 특히 바닷바람에 잘 말린 굴비는 쫄깃하면서도 감칠맛 나서 그 인기가 대단하다. 옛날부터 임금님께 진상될 정도였다고 하니, 밥상 위의 굴비는 다른 반찬들과 달리 그 위세[6]가 대단한 것이라고 하겠다. 그런데 굴비는 과연 어디에서 어떻게 시작된 먹을거리일까?

🐰 ③ 가짜 굴비가 유통[7] 공장이나 산지에서 생산된 상품이 소비자에게 도달되기까지의 활동되고 있다 / 굴비의 맛이 변하고 있다

　가짜 굴비가 유통되고 있다는 뉴스가 세간[8]을 뜨겁게 달구고 있다. 인터넷과 홈쇼핑을 통해 판매되고 대다수의 굴비가 굴비가 아니었다는 사실에 온 국민이 경악하고 있는 것이다. 굴비는 조상 대대로 전해 내려오는 한국의 대표적인 먹을거리이기에 그 충격의 파장은 대단하다. 하지만 어떤 것을 굴비라고 말할 수 있냐고 물으면 대다수의 사람들은 말끝을 흐리고 만다. 가짜 굴비의 충격에만 휩싸여 있을 것이 아니라 과연 어떤 것을 한국인의 밥상 지킴이 '굴비'라고 말할 수 있는지 알아보도록 하자.

🐰 ④ 굴비의 고향은 어디일까?

　밥상위의 인기 주자[9]라고 하면 단연 굴비를 꼽을 수 있다. 손님의 밥상에 굴비 한 마리를 올려놓으면 밥상을 받은 손님의 얼굴에는 온화한 미소가 번진다. 대한민국 어디에 가도 굴비는 그 인기가 대단하며 식당의 메뉴에서도 손쉽게[10] 찾아 볼 수 있다. 도대체 굴비는 어디에서 시

2　확실히 단정할 만하게
3　밥이나 음식을 아주 빨리 먹어 치우는 모양
4　손쉽게 해치우는 모양
5　어떤 일을 빠르게 끝내다
6　위엄 있는 기세
7　공장이나 산지에서 생산된 상품이 소비자에게 도달되기까지의 활동
8　세상
9　경기하는 사람 ex. 대표 주자, 선두 주자
10　어떤 일을 다루거나 하기가 무척 쉽다.

작되어서 전국의, 온 국민의 마음을 사로잡은 것일까? 굴비가 시작된 굴비의 고향은 과연 어디일까?

☞ 여러분의 글은 어떤 도입으로 시작하고 싶습니까? 도입부를 써 봅시다

2.3 시험장 전략

 1. 실력을 단계적으로 높여야 한다!

　자신이 중급 정도의 실력을 지니고 있다고 해서 고급 시험을 두려워할 필요는 없다. 또 지나치게 어려운 글을 골라 읽는 경우도 있는데 꼭 이렇게 할 필요도 없다. 오히려 대체로 한 쪽에 모르는 단어가 5개–7개 이하인 뉴스, 인터넷 글, 신문이나 비소설류의 책등을 늘 지니고 다니면서 조금씩이라도 읽는 것이 좋다. 뉴스의 본문이 어렵다면 날씨나 일상, 문화 등의 기사부터 시작해 보자.

2. 계획을 세우자!

　배점이 높은 긴 글쓰기와 같은 경우는 구체적인 계획이 필요하다. 스스로는 잘 썼다고 생각해도 채점표에서 높은 배점을 지닌 부분을 실수하면 떨어질 수도 있다. 연습으로 쓴 부분을 스스로 채점해 보고 선생님이나 친구에게 보여서 보강할 부분은 없는지 찾아보자!

 3. 실전과 같은 연습이 필요하다!

　기출문제를 중심으로 시간을 재면서 연습을 하는 것이 필요하다. 이렇게 몇 번 쓰다 보면 일정한 패턴을 찾을 수 있게 된다. 모든 시험에는 자체의 고유한 패턴이 있으므로 시험의 특성을 이해하고 문제가 요구하는 것을 맞춰 쓰다 보면 조금씩 자신감이 생길 것이다.

4. 준비된 사람만이 성공할 수 있다!

　글을 쓰기 전에 생각을 하지 않고, 바로 글쓰기를 하는 경우를 볼 수 있는데 이러한 글은 주제가 뚜렷하게 나타나지 않거나 문제에 주어진 조건을 적당한 분량으로 나눠 쓰지 못할 가능성이 있다. 그러므로 미리 충분히 연습을 한 주제이더라도 글을 쓰기 전에 주제와 근거를 생각하고 쓰기를 시작하는 것이 좋다.

5. 긍정적으로 생각하자

　실전에서 예상하지 못한 문제가 나왔다고 하더라도 당황하지 말고 긍정적으로 생각하자. 그러면 의외로 연습한 것과 비슷한 문제임을 발견할 수도 있다. 또한 긍정적 생각이 머리 속에 해마를 자극해 어디선가 보거나 들은 내용을 떠오르게 할 수도 있다. 그래도 생각이 안나면 일단 크게 숨을 한 번 쉬고 문제를 다시 읽어보자.

Appendix 3

모범답안

 **제1과. 진로 선택과 취업에서 가장 필요한 것은 무엇인가?**

1. 유형 연습 예시 답안

1. ㉠ 많은 참가를 바랍니다. / 많은 신청 바랍니다.
   ㉡ 방송국으로 문의하시기 바랍니다. / 방송국에 문의하십시오.
2. ㉠ 문을 열지 않습니다. / 영업을 하지 않습니다.
   ㉡ 더 좋은 모습으로 찾아뵙겠습니다. / 더 좋아진 모습으로 문을 열겠습니다.
3. ㉠ 긍정적으로 생각하는 것 / 긍정적인 마음을 갖는 것
   ㉡ 모든 일을 불행하다고 느끼게 만들기 때문이다. / 자신이 불행하다는 생각을 만들 수도 있기 때문이다.
4. ㉠ 부족하다는 생각과 더 가지고 싶다는 욕심을 갖는다.
   ㉡ 물질적인 가치를 우선하고, 다른 사람과의 관계를 소중하게 생각하지 않는다. / 물질적인 가치만 중요하게 생각해서 다른 사람과의 관계가 나빠지기도 한다.

2. 생각해 보기 예시 답안

생각해 보기 1

취업이나 진로에 대한 걱정은 한국만 그런 것이 아니라 모든 나라에서 고민하는 부분이다. 진로에 대해 가장 큰 걱정 중 하나는 아직까지 내가 정말 하고 싶은 일을 찾지 못했다는 점이다. 당장 학교를 졸업하고 취업을 하는 것도 중요하지만 진정 내가 하고 싶은 일을 찾아서 하는 것이 더 중요하다.

생각해 보기 2

뉴스를 통해서 보기도 하고 주변의 다른 친구들을 통해서 이런 소식을 듣기도 한다. 취업을 위해서 자격증을 취득하고, 어학 실력을 높이는 것도 중요하지만 내가 지원할 분야나 하고 싶은 분야에 대해 미리 정보를 알고 있는 것이 가장 중요한 일이라고 생각한다. 아무 생각 없이 다른 사람들이 하는 것을 그대로 따라 하기보다는 내가 지원할 회사나 하고 싶은 직업에 대해 정확하게 알고 지원하는 것이 중요하다.

모범답안 – 짧은 글쓰기

스펙은 취업을 위해 요즘 취업 대학생들이 준비하는 자격증이나 성적표를 말한다. 스펙을 많이 쌓으면 내 능력을 다른 사람에게 보여줄 수 있고, 다른 사람들과 경쟁할 때 더 유리할 수도 있다. 또 스펙을 준비하는 과정에서 자기 계발을 할 수 있기 때문에 나중에도 도움이 될 수 있다. 하지만 스펙만 생각하다 보면 다른 사람들과의 경쟁으로 인해 스트레스를 받을 수도 있고, 스펙에 대한 부담감 때문에 내가 정말 하고 싶은 일을 찾지 못할 수도 있다. 무조건 스펙을 쌓기 전에 내가 하고 싶은 일에 대해 먼저 고민하는 것이 필요하다고 생각한다.(공백 포함 299자)

모범답안 – 긴 글쓰기

자신에게 맞는 진로를 준비하고 결정하는 데에 필요한 것은 무엇인가?

[반드시 들어가야 할 중심 내용]
(1) 취업이나 진로를 결정할 때 가장 먼저 해야 할 일은 무엇인가?
(2) 지나친 취업 경쟁이나 준비로 인해 발생하는 문제는 무엇인가?
(3) 올바른 진로 설정을 위해 우리에게 필요한 것은 무엇인가?

요즘 대학생들을 보면 도서관에서 많은 시간을 취업 준비를 하면서 보내고 있다. 하지만 취업이라는 결과를 생각하기 전에 우리는 먼저 생각해 봐야 할 일이 있다. 그것은 내가 무엇을 잘하고 어떤 일을 하고 싶은지를 아는 것이다. 나에게 어떤 소질이 있고, 그 소질이 어떤 직업과 잘 맞는지 먼저 고민해 보아야 한다.

텔레비전 뉴스를 통해 '5대 스펙'이나 '8대 스펙' 등의 이야기가 나올 때마다 주변의 친구들은 오히려 이런 조건을 만들어야 한다는 걱정으로 스트레스를 받기도 한다. 내가 잘 할 수 있는 일을 찾기 위해 고민하는 시간보다 어떻게 하면 더 많은 스펙을 쌓을 수 있을지 고민하는 시간이 더 많아지기도 한다. 이러한 지나친 취업 경쟁과 준비는 오히려 내가 하고 싶은 진로를 찾는 것에 방해가 될 수도 있다. 또 과도한 스트레스로 인해 건강에 문제가 생길 수도 있을 것이다.

스펙을 쌓는 것보다 먼저 우리 자신이 무엇을 잘할 수 있는지를 찾고 무엇을 원하는지 알아야 한다. 내가 원하는 길로 가기 위해서 필요한 것을 알고 그것을 준비하는 것은 분명 자신에게도 도움이 되는 것이다. 다른 사람을 따라 하는 것이 아니라 내가 진정으로 하고 싶은 일을 찾아 계획을 세우는 것부터 시작해 보는 것은 어떨까? 자신의 계획에 따라 천천히 실천하면서 준비하는 것이 올바른 진로 설정을 위해 꼭 필요한 것이다. (공백 포함 678자)

 ## 제2과. 대중문화를 어떻게 대할 것인가?

1. 유형 연습 예시 답안

1. ㉠ 솔직하게 적으면 됩니다. / 자유롭게 쓰면 됩니다.
   ㉡ 우편 접수를 이용하시기 바랍니다. / 우편으로 접수하시기 바랍니다.
2. ㉠ 헬스장을 이용하시기 바랍니다. / 헬스장을 이용하십시오.
   ㉡ 평일 저녁 8시 이전에 이용하시기 바랍니다.
3. ㉠ 오히려 부정적인 영향을 줄 수도 있다. / 건강한 여가 생활에 지장을 줄 수 있다.
   ㉡ 적당한 시간을 정해 TV를 시청하는 것이 필요하다. / 여가 시간을 활용할 수 있는 다른 취미도 필요하다.
4. ㉠ 자기 스스로 느끼는 것이다. / 자신이 평가하는 것이다.
   ㉡ 다른 사람이 행복하다고 느껴도 자기 자신이 그렇지 못하다면 진정으로 행복하다고 볼 수 없기 때문이다.

2. 생각해 보기 예시 답안

생각해 보기 1

한국의 대중문화 중 가장 관심이 많은 분야는 '한국의 영화'이다. 한국의 영화는 미국이나 중국의 영화와 달리 한국 영화만의 특징이 있다. 특히 감정을 표현하는 부분이 다른 나라의 영화보다 섬세하다.

생각해 보기 2

한국의 아이돌 그룹에 관심이 있어서 처음에는 음악을 주로 들었었는데 시간이 지나면서 그들의 옷차림이나 머리 모양, 말투, 좋아하는 음식까지 따라서 하게 되었다. 그러다 보니 대부분의 시간을 그들의 동영상을 보거나 생각하는 데 쓰게 돼서 공부에 집중할 수 없게 되었다.

모범답안 – 짧은 글쓰기

　대중문화는 누구나 쉽고 편하게 즐길 수 있다는 점에서 사람들에게 꼭 필요한 문화라고 할 수 있다. 또한 이렇게 생산된 문화는 더 많은 사람들에게 다양한 문화 혜택을 줄 수 있다는 장점이 있다. 현대 사회에서 대중문화는 누구에게나 꼭 필요한 문화이지만 문제점이 없는 것은 아니다. 자신의 생각이 아닌 다른 사람의 생각이나 유행만 좇는 것은 자신의 개성을 잃을 수 있고, 이런 일방적인 문화는 유행에 치우쳐서 상업적인 문화만 생산할 수도 있다. (공백 포함 246자)

모범답안 – 긴 글쓰기

〈대중문화를 받아들이는 올바른 자세〉

[반드시 들어가야 할 중심 내용]
(1) 대중문화란 무엇인가?
(2) 대중문화의 긍정적인 측면과 부정적인 측면은 무엇인가?
(3) 대중문화를 올바르게 받아들이기 위해 필요한 것은 무엇인가?

　대중문화는 대중매체를 이용해 많은 사람들에게 빠르게 전파되는 상업적인 문화이다. 따라서 현대 사회에서 대중문화를 살펴보면 많은 사람들이 무엇을 원하고 좋아하는지 이해할 수 있다.

　대중문화가 대중매체를 이용해 현대인의 여가 생활을 풍족하게 하고, 즐겁게 하는 것은 대중문화의 긍정적인 영향으로 볼 수 있다. 또한 모두가 누릴 수 있는 문화를 만드는 데 대중문화가 크게 기여했다는 점도 부정할 수 없다. 하지만 청소년들이 TV에 등장하는 연예인을 위해 여가 시간의 대부분을 보내는 것이나 일부 기업들이 대중문화를 이용해 소비자들의 불필요한 소비를 부추기는 모습 등은 대중문화의 부정적인 영향이라고 볼 수 있다. 특히 돈이 된다는 이유로 사람들에게 인기 있는 것만 만들어지고, 청소년들이 한 가지 유행만 좇는 모습 등은 더 큰 문제로 이어질 수 있다.

　그렇기 때문에 대중문화를 받아들일 때는 자기 자신의 주체적인 태도와 자신에게 필요한 것과 필요하지 않은 것을 구분하고, 다양한 가치를 존중하는 태도가 필요하다. 이런 태도를 갖추기 위해서는 '문화'와 '예술'에 대한 교육이 먼저 이루어져야 한다. 다양한 문화의 가치를 배우고, 창의적인 자신만의 생각을 갖기 위해서는 '문화'와 '예술' 교육을 어렸을 때부터 시작해야 한다고 생각한다. (공백 포함 642자)

 제3과. 우리는 진정한 다문화 사회로 가고 있는가?

1. 유형 연습 예시 답안

1. ㉠ 뜨개질을 할 수 있는 친구를 찾습니다.
   ㉡ 연락주시기 바랍니다. / 메일을 보내 주세요.
2. ㉠ 다른 나라의 문화를 더 많이 이해하기 위해서이다. / 서로를 이해하기 위해서이다.
   ㉡ 고향의 문화를 알린다. / 다문화 수업을 한다.
3. ㉠ 차별하지 말고 차이를 존중해줘야 한다.
   ㉡ (다문화 사회에서) 함께 살기는 어려울 것이다.
4. ㉠ 한국에서
   ㉡ 대회가 끝날 때까지 기다려 주십시오. / 행사가 모두 끝날 때까지 함께 해 주시기 바랍니다.

2. 생각해 보기 예시 답안

생각해 보기 1

위의 자료들만 보고 한국이 이미 다문화 사회라고 정의하기는 어렵다. 그러나 과거에 비해 다른 문화에서 살았던 사람들이 한국어 많은 영향을 미치고 있는 것은 사실이다.

생각해 보기 2

직업 훈련을 더 자주 실시하고 음식이나 컴퓨터 교육은 물론 동시 통역 등 직업 훈련의 종류도 더 늘려야 한다.

|모범답안 – 짧은 글쓰기

한국은 완성된 다문화 사회라기보다는 다문화 사회로 가고 있는 과정이라고 할 수 있다. 그래서 아직 다문화에 대해 잘 이해하지 못하는 사람도 많고 외국인에게 선입견을 갖고 있는 사람도 많다. 그러나 외국인을 한국에서 함께 사는 식구, 즉 공동체의 일원으로 생각한다면 우리 사회는 한 층 성숙해질 수 있을 것이다. 콩 한쪽도 나누어 먹는다는 한국 고유의 나눔의 정신이 한국적 다문화의 특성이 될 수도 있다. (공백 포함 226자)

모범답안 – 긴 글쓰기

외국인이나 교포로서 한국의 다문화 사회에 대한 자신의 견해를 쓰십시오.

[반드시 들어가야 할 중심 내용]
(1) 다문화 사회의 정의와 의의는 무엇인가?
(2) 다문화 사회의 문제점은 무엇인가?
(3) 한국의 다문화 사회의 올바른 발전 방향은 무엇이라고 생각하는가?

다문화 사회란 한 나라 안에 여러 나라의 삶의 형태가 공존하는 것으로, 한국사회도 점점 다문화 사회가 되어가고 있다. 한국은 전통적으로 단일 민족의 단일문화 사회였지만, 최근 외국인과의 결혼이나 외국인의 한국 기업 취업이 늘면서 다문화 사회로 발전하고 있는 중이다.

다문화 사회의 가장 큰 의의는 한 나라 안에서 여러 문화가 공존하면서 다양성을 가질 수 있다는 것이다. 하지만 다른 문화의 사람들이 서로 화합하지 못하고 갈등이 생기게 되면, 소수 문화에 속해 있는 사람은 상대적으로 차별받을 수도 있다. 이렇게 소외된 사람들이 사회적 차별에 불만을 갖게 되면 이는 결국 사회를 불안하게 만든다. 프랑스의 산업화 속에서 소외된 이민자 계층이 일으킨 도심 폭동은 그 대표적인 예가 될 것이다.

한국적 다문화는 현재 진행 중이므로 우리 노력에 따라 긍정적으로 발전할 수도 부정적으로 발전할 수도 있다. 긍정적인 방향으로 발전하기 위해서는 무엇보다도 '다양성을 존중하는 자세'가 필요하다. 나와 다르다고 해서 차별하지 말고, 한국이라는 하나의 공동체를 함께 이루는 가족으로 생각해야 한다. 이런 생각을 가지고 대화를 통해 서로의 차이점을 이해하고 존중하기 위해 노력한다면 한국의 다문화도 바른 방향으로 나아갈 수 있을 것이다. (공백 포함 630자)

 제14과. 개인과 집단, 무엇을 우선시해야 하는가?

1. 유형 연습 예시 답안

1. ㉠ 금세 잊어버리고 지키지 않는 경우가 많다.
   ㉡ 목표했던 것을 이루기 위해 조금 더 노력하게 되었다.
2. ㉠ 다양한 종목이 진행될 예정입니다.
   ㉡ 저녁 식사 자리가 마련되어 있습니다.
3. ㉠ 함부로 결정을 내려서는 안 된다.
   ㉡ 다양한 의견을 들어보고 토론하는 것이 좋다.
4. ㉠ 집단에 도움을 준다.
   ㉡ 이기적인 사람도 집단에 도움을 줄 수 있다.

2. 생각해 보기 예시 답안

생각해 보기 1

개인은 언제나 사회를 위해서 자신을 희생해야 하는 것은 아니다. 그러므로 이기적 개인과 사회가 함께 살아남기 위해서는 남을 희생하지 않는 범위 안에서 자신의 이익을 취하려고 노력하여야 한다.

생각해 보기 2

가장 많은 사람들이 혜택을 받는 정책이 가장 좋은 복지 정책이라고 할 수 있다. 그러나 이런 경우에도 혜택을 적게 받거나, 피해를 받는 사람들이 소수라도 존재한다면 이들에게 피해를 보상해주는 대안이 필요할 것이다.

모범답안 – 짧은 글쓰기

집단의 의견이 각 개인의 의견을 모두 반영한 것이라고 보기는 어렵기 때문에 집단의 결정에 동의하지 못하는 개인이 생기게 된다. 그러므로 집단은 충분한 토론을 통해 한 개인이 불합리하게 희생되지 않도록 해야 할 필요가 있다. 이 과정에서 개인은 자신의 피해를 막을 수 있는 구체적인 방법을 찾아 알려야 한다. 또 집단은 어쩔 수 없이 개인이 피해를 입게 된다면 이를 보상해 줄 방법을 찾아야 한다. 중요한 것은 집단이 개인을 무시하지 않고 모두에게 좀 더 발전적인 방향을 찾아 보는 것이다.(공백 포함 273자)

모범답안 – 긴 글쓰기

여러분은 개인과 사회의 관계에 대해 어떻게 생각하십니까? 사회는 개인을 위해 존재하지만 개인과 사회가 추구하는 방향이 다르면 갈등이 생기기도 합니다. 개인과 사회의 갈등을 해결하기 위한 자신의 견해를 서술하십시오.

[반드시 들어가야 할 중심 내용]
(1) 개인과 사회의 관계는 어떻습니까?
(2) 개인과 사회가 갈등을 일으키는 이유는 무엇입니까?
(3) 개인과 사회의 갈등을 극복하기 위한 방안은 무엇입니까?

잠자리의 눈은 여러 개의 눈이 합쳐져 하나의 눈을 이루고 있고, 하나의 벌집은 여러 개의 방이 모여 이루어진 것이다. 개인과 사회의 관계도 이와 같다. 여러 개인이 모여 하나의 사회를 이루며, 각 개인들은 집단 속에서 공동의 목적을 위해 일을 분담하고 서로의 역할을 정한다.

그런데 개인이 원하는 역할 또는 권리와 사회가 요구하는 부분이 서로 맞지 않을 때 갈등이 발생하기도 한다. 사회가 이를 조정하고 통제하는 과정에서 개인이 이것을 불합리한 억압으로 느끼기도 한다. 또 서로 다른 개인의 이익끼리 충돌을 일으킬 수도 있다. 이렇게 개인은 각자 다른 이익과 편리를 추구하기 때문에 갈등이 발생하며, 이를 적절히 조정해야 사회가 안정될 수 있다.

이러한 갈등을 극복하기 위해서는 두 가지가 필요하다. 먼저 사회를 구성하는 개인이 공동의 이익을 위해 자신의 태도를 변화시키는 것이다. 자신의 이익만을 고집하는 것이 아니라 공동체가 함께 잘 살 수 있도록 양보하는 자세가 필요하다. 두 번째는 사회 제도적 차원에서 합리적인 갈등 해결 방법을 마련하는 일이다. 합리적인 갈등 해결을 위해서는 반드시 대화와 타협이 바탕이 되어야 한다. 대화를 통해 서로의 상황을 이해하고 공동체의 발전을 위해 타협할 수 있어야 갈등을 극복할 수 있을 것이다. (공백 포함 638자)

 제5과. 소통의 올바른 방법은 무엇인가?

1. 유형 연습 예시 답안

1. ㉠ 변명을 했다. / 먼저 사과하지 않았다. / 남의 탓으로 돌렸다.
   ㉡ 처음에 사과하지 않은 것이 후회가 되었다. / 친구의 말이 맞다는 생각이 들었다.
2. ㉠ 내 생각을 고칠 수 있는 기회를 얻을 수 있기 때문이다.
   ㉡ 실수하게 될 가능성이 높다. / 실수하기 쉽다.
3. ㉠ 이야기를 잘하는 것보다 잘 들어주는 것이 더 중요할 수도 있다.
   ㉡ 상대방은 기분 좋은 대화를 나누었다고 생각할 수 있을 것이다.
4. ㉠ 의외로 대화가 부족했음을 느낄 수도 있다. 서로의 생활에 대해 잘 모르는 경우가 많다.
   ㉡ 서로의 생활에 대해 이야기를 나누어 보면 어떨까?

2. 생각해 보기 예시 답안

생각해 보기 1

이 세 개의 속담은 모두 '말'과 관련된 것이다.

1. 가는 말이 고와야 오는 말이 곱다
   : 상대에게 예의를 갖춰 좋은 표현으로 말하면 상대도 나에게 예의를 갖춰 좋은 표현으로 말한다는 것.
2. 소의 귀에 경 읽기
   : 다른 사람이 하는 말을 잘 귀 기울여 듣지 않는 것. 몇 번이나 이야기해도 귀담아 듣지 않음.
3. 말 한마디로 천 냥 빚을 갚는다.
   : 말을 잘 하면 잘못도 용서 받을 수 있다. 그만큼 말이 중요하다는 뜻.

생각해 보기 2

　첫 번째 그래프에서는 학년이 높아질수록 부모가 나를 이해하지 못한다는 의식이 강해지고 있다는 것을 알 수 있다. 따라서 학년이 높아질수록 부모와의 대화가 진솔하지 못해질 수 있다는 예측이 가능하다. 두 번째 그래프에서는 딸보다는 아들이 부모님들과 심리적 거리감을 많이 느끼고 있음을 알 수 있다. 세 번째 그래프에서는 부모님 중 아버지보다 어머니와 함께 있는 시간이 많다는 점을 고려해 볼 때, 대화하는 시간이 많다고 해서 반드시 그것이 서로를 이해하는 진정한 소통으로 이어지는 것은 아님을 알 수 있다.

| 모범답안 – 짧은 글쓰기

　올바른 의사소통이란 자신이 하고자 하는 이야기를 상대방에게 막힘이 없이 잘 전달하는 것이다. 자신의 의사를 이렇게 잘 전달하기 위해서는 먼저 스스로의 생각을 정리해 볼 필요가 있다. 정리되지 않은 생각은 오해를 불러올 수도 있기 때문이다. 또 이야기를 듣는 상대방의 입장에서 이야기하는 것도 좋은 방법이 될 수 있다. 가령 상대방이 관심 있는 것을 주제로 이야기를 시작한다거나 예를 들어서 말하는 것이다. 그러면 좀 더 이해하기 쉽게 나의 생각을 전달할 수 있을 것이다. (공백 포함 264자)

| 모범답안 – 긴 글쓰기

> 　우리는 많은 사람들과 매 순간 소통을 하며 살아가고 있습니다. 소통을 하기 위한 올바른 방법에 대해 아래의 내용을 중심으로 주장하는 글을 쓰십시오.
>
> [반드시 들어가야 할 중심 내용]
> (1) 소통이란 무엇인가?
> (2) 올바른 소통을 위해 필요한 것은 무엇인가?
> (3) 올바른 소통의 효용은 무엇인가?

　사람은 누구나 혼자서는 살아갈 수 없고 다른 사람과 함께 살아가기 마련이다. 그런데 다른 사람과 함께 살아가기 위해서 의사소통만큼 중요한 것이 없다. 의사소통이란 내 생각을 이해시키고 또 다른 사람의 생각을 이해하는 것을 의미한다.

이렇게 소통이 우리 삶에서 빼 놓을 수 없는 만큼 올바른 방법이 요구된다. 먼저 자신의 의견을 표현하기 위해서는 논리적이고 간결하게 얘기해야 한다. 말의 순서가 뒤섞여 횡설수설하거나 장황하게 이야기를 늘어 놓는다면 내가 무엇을 말하고자 하는지 상대가 이해하기 어렵기 때문이다. 두 번째로 상대의 이야기를 경청하려는 열린 마음이 필요하다. 내 생각과 다르다고 해서 귀를 기울여 듣지 않거나 상대의 말을 막아버리고 자신의 말만 하려고 한다면, 그것은 대화가 아니라 일방적인 강요에 지나지 않는다. 몸짓도 중요하다. 대화는 말로만 하는 것이 아니다. 상대와 눈을 맞추고 고개를 끄덕거리는 식으로, 상대의 이야기를 잘 듣고 있으며 지금 하는 대화에 진지하게 참여하고 있음을 몸짓으로 표현해야 한다.

　사람들은 모두 각자의 입장에서 자신의 가치관에 맞춰 생각하고 행동한다. 그러므로 올바른 소통을 위해서는 각자의 가치관을 존중하고 이해하려는 노력이 필요하다. 서로가 호의적인 자세로 남을 배려하면서 자신의 생각을 조리 있게 표현한다면 서로의 이해의 폭을 넓히는 올바른 소통의 장이 형성될 것이다. (공백 포함 685자)

 ## 제6과. 다수의 선택은 항상 옳은가?

1. 유형 연습 예시 답안

1. ㉠ 첫 번째 생일을 축하해 주세요.
   ㉡ 함께 기도해 주세요. / 축복해주세요.
2. ㉠ 새주소로 주소지 정보를 변경해주시기 바랍니다.
   ㉡ 문제가 생길 수 있습니다.
3. ㉠ 다수가 선택한 것이 언제나 옳다고 할 수는 없다.
   ㉡ 옳은 결정을 할 수 있도록 최대한 많이 토론하고 고민해야 한다.
4. ㉠ 언론을 통해 자신들의 주장을 알릴 수 있다.
   ㉡ 다수의 선택을 받을 수도 있기 때문이다.

2. 생각해 보기 예시 답안

생각해 보기 1

그렇다. 특히 많은 사람들에게 영향을 미칠 수 있는 큰일을 결정하기 위해서는 보다 많은 사람들의 의견을 수렴하여 반영하는 절차가 필수적이다. 효율성만 강조하며 이러한 절차를 생략하게 되면 나중에 더 큰 문제의 원인이 되는 경우도 있다.

생각해 보기 2

그렇지 않다. 다수결의 원칙에 따라 결정하였다고 해서 항상 옳은 결과를 얻게 되는 것은 아니다. 따라서 결정하기 전에 소수의 의견도 최대한 수렴하고 반영할 수 있도록 하는 노력이 필요하다. 이 과정에서 양보와 타협의 자세가 요구된다.

모범답안 – 짧은 글쓰기

　다수결 원칙은 민주주의의 기본 원리이다. 다수결로 결정하는 것은 여러 장점이 있다. 우선 다수가 옳다고 판단하는 것이 실제로 옳을 확률이 높다. 또 1인 1표를 기본으로 하므로 가장 민주적인 결정방식이라고 할 수 있다. 하지만 문제도 있다. 다수가 옳다고 판단하는 것이 항상 옳은 것은 아니다. 또 소수의 피해가 심각한데도 소수라는 이유로 무시될 수도 있다. 따라서 다수결로 결정을 하되, 결정하기 전에 소수의 의견을 충분히 듣고 최대한 그들의 의견을 반영할 수 있는 과정이 필요하다. (공백 포함 271자)

모범답안 – 긴 글쓰기

〈다수결을 어떻게 적용해야 하는가〉

[반드시 들어가야 할 중심 내용]
(1) 다수결의 원칙이란 무엇인가?
(2) 다수결 원칙의 문제점은 무엇인가?
(3) 그러한 문제점은 어떻게 극복해야 하는가?

　다수결의 원칙이란 어떤 문제에 대해 다수가 지지하는 의견에 따라 결정을 내리는 것을 말한다. 모두가 평등하게 한 표를 가지고 있으므로 민주주의의 기본 원리라고 말할 수 있다. 다수가 옳다고 생각하는 것은 합리적일 가능성이 높으며, 다수에게 이익이 되는 결정을 하면 사회 전체의 이익도 커지게 된다. 또한 결정에 대해 불만이 적어지기 때문에 사회가 안정적으로 유지될 수 있다.
　하지만 문제도 있다. 다수와 소수의 숫자 차이가 적다면 다수결로 결정을 했음에도 불구하고 그 결정에 불만을 가질 사람들이 적지 않을 수 있다. 또한 결정된 내용이 다수에게 별로 큰 이익은 주지 않지만 어떤 소수에게는 큰 피해를 주는 것이라면 사회 전체의 이익이 오히려 감소할 가능성도 있다. 더구나 다수가 지지하는 결정이라고 해서 반드시 합리적인 것은 아니다. 만약 소수의 의견이 옳은 것이었다면 사회적으로 잘못된 선택을 할 수도 있다.
　따라서 최후의 결정은 다수결로 정하되 그 전에 오랜 시간동안 충분히 토론을 해야 한다. 그래야 구성원 모두의 의견을 들을 수 있고 합리적인 결정을 할 가능성도 그만큼 높아진다. 또한 토론을 통해 서로 양보하고 타협하면서 소수의 의견도 결정에 충분히 반영되어야 최종 결정에 대한 불만이 줄어들게 된다. 모두가 다수결의 원칙을 민주주의의 기본 원리로서 받아들이기 위해서는 이러한 충분한 토론과정이 전제되어야 한다. (공백 포함 687자)

 제7과. 인터넷 쇼핑이 경제에 미치는 영향은 무엇인가?

1. 유형 연습 예시 답안

1. ㉠ 신호등만 있어도 불편하지 않았습니다. / 신호등으로도 괜찮았습니다.
   ㉡ 다니는 차가 많아진 반면 / 다니는 차가 많아졌음에도 불구하고
2. ㉠ 불편이 발생하더라도 / 불편함이 있더라도 / 불편하시더라도
   ㉡ 빠른 시일에 마칠 수 있도록 / 불편함을 최소화 할 수 있도록 / 좋은 어린이 공원을 만들 수 있도록
3. ㉠ 언제라도 이용할 수 있을 뿐만 아니라 가격이 저렴하기 때문에 / 시간에 상관없이 이용할 수 있는데다가 가격이 싼 만큼
   ㉡ 많은 장점을 가지고 있는 반면 / 여러 가지 장점을 가지고 있는 반면
4. ㉠ 쇼핑몰을 사람들에게 알리는 것은 쉽지 않다
   ㉡ 가격이 너무 낮으면 이익을 내기가 어렵다.

2. 생각해 보기 예시 답안

생각해 보기 1

저렴한 가격, 편리하게 상품 정보 비교 가능. 주문한 물건을 택배로 집에서 편하게 받을 수 있음. 시간과 장소에 구애를 받지 않음.

생각해 보기 2

1) 그렇다. 인터넷 쇼핑몰이 활성화되는 것은 좋은 일이지만 저렴한 가격만으로 소비자를 유혹한다면 결국 인터넷 쇼핑몰도 오프라인 매장도 모두 피해를 입게 될 것이다.

2) 아니다. 저렴한 가격은 소비자가 인터넷 쇼핑몰을 이용하는 가장 큰 이유 중에 하나이다. 만약 인터넷 쇼핑몰의 가격 인하를 제한한다면 결국 소비자는 인터넷 쇼핑몰을 이용하지 않을 것이다. 오히려 소비심리가 위축되기 때문에 경제에 도움이 되지 않을 것이다.

모범답안 - 짧은 글쓰기

　인터넷은 정보를 빠르게 전달할 뿐만 아니라 언제 어디서나 사용할 수 있다는 점에서 편리하다. 이와 같은 인터넷의 발달로 우리 경제의 구조도 변하게 되었다. 인터넷 쇼핑몰의 탄생으로 오프라인 위주의 경제 구조가 온라인 쇼핑몰 중심으로 이동하고 있는 것이다. 인터넷 쇼핑몰의 성장에 따라 인터넷 관련 사업과 택배 사업도 함께 성장하고 있다. 이용하기 편한 웹사이트를 만들고, 소비자가 주문한 물건을 배달해야 하기 때문이다. 이처럼 사회 전반의 사업이 함께 활성화된다는 점에서 인터넷 쇼핑은 올바른 경제 성장을 이끈다고 할 수 있다. (총297자)

모범답안 - 긴 글쓰기

〈인터넷 쇼핑이 우리 경제에 미치는 영향〉

[반드시 들어가야 할 중심 내용]
(1) 현대 사회에서 인터넷 쇼핑의 필요성
(2) 인터넷 쇼핑의 역기능
(3) 오프라인 매장과 인터넷 쇼핑몰의 관계

　시간에 쫓기며 사는 현대인들에게 시공간을 불문하고 원하는 상품을 보다 저렴하게 구입할 수 있는 인터넷 쇼핑만큼 유용한 것도 없다. 최근 스마트 폰의 보급과 더불어 인터넷 쇼핑몰 이용자 수도 증가되고 있다.
　이처럼 인터넷 매장 이용자가 늘어날수록 오프라인 매장의 이용자는 상대적으로 줄고 있다. 영세한 오프라인 매장의 경우 이에 심각한 타격을 받고 결국 문을 닫기도 있다. 반면, 거대 자본으로 인터넷과 오프라인에 모두 매장을 가지고 있는 경우에는 오히려 더 많은 이익을 창출하고 있다. 즉, 전자의 경우 인터넷 매장과 오프라인 매장의 관계가 상호배타적인 반면, 후자의 경우 상호 보완적인 관계를 갖게 된다. 따라서 현재와 같은 상황이 지속된다면 우리 사회에서 중소 매장은 사라지고 결국 거대 매장만이 살아남는 결과를 초래하게 될 것이다. 이를 방지하기 위해 정부는 인터넷 쇼핑몰의 할인율을 규제하는 방침을 내놓았다. 이는 영세한 오프라인 매장을 보호할 수 있는 방안인만큼 타당한 조치라고 생각한다.

정보통신의 발달로 인한 인터넷 쇼핑 시장의 성장은 막을 수 없다. 그러나 온라인과 오프라인의 매장을 함께 발전시키지 않는다면 우리 사회의 경제는 한쪽으로 치우친 구조를 갖게 될 것이다. 따라서 소비자의 권리를 침해하지 않는 범위 안에서 인터넷 쇼핑몰의 과도한 혜택을 규제하고, 중소 오프라인 매장을 함께 발전시켜야 한다고 생각한다. (총694자)

 제8과. 표현의 자유 어디까지 지켜져야 하는가?

1. 유형 연습 예시 답안

1. ㉠ 우리나라 최고의 병원으로서 / 여러분의 건강을 위한 병원으로
   ㉡ 병원에서 핸드폰을 사용하지 않도록 해 주십시오. / 병원에서 핸드폰 사용을 자제해 주시기 바랍니다.
2. ㉠ 재료의 특성에 따라 / 재료의 특성별로
   ㉡ 궁금한 사항이 있으면 언제라도 / 이용에 불편이 있으면 언제라도
3. ㉠ 스마트폰 이용자가 늘어날수록 많은 문제점들이 나타나고 있다. / 스마트폰 이용자가 늘어나면서 많은 문제점들도 나타나고 있다.
   ㉡ 기업의 이익뿐만 아니라 소비자의 건강까지도 생각해야 한다. / 제품을 많이 파는 것뿐만 아니라 소비자의 건강까지도 고려해야 한다.
4. ㉠ 인터넷의 사회적 효용은 사용자의 손에 달려있다. / 인터넷은 사용하기 나름이다.
   ㉡ 실명제를 도입해도 인터넷의 역효과를 막기는 어렵다 / 실명제가 있음에도 불구하고 인터넷의 역효과는 여전히 해결되지 않고 있다.

2. 생각해 보기 예시 답안

생각해 보기 1

국내외 뉴스, 시사 비평가의 견해, 특정분야 전문가의 전문적인 정보, 언어관련 지식, 외국어 학습, 공연 소식, 신간 소식, 특정 단체의 동향, 친구와의 교류 등

생각해 보기 2

필요하다. 왜냐하면 자신의 신분을 숨기면 부끄러움이 없어지기 때문에 남에 대해서 비판이 아닌 비난을 일삼게 된다. 상대에게 상처를 주거나 허위 정보를 제공하더라도 누가 그런 행동을 했는지 몰라서 해결할 수 없다. 이것은 사회적인 문제가 될 수 있다.

불필요하다. 인터넷은 자유로운 공간이다. 그런데 누군가가 감시하고 있다고 생각하면 사람들은 자신의 생각을 진솔하게 표현하지 않을 것이다. 실명제로 모든 사람을 감시

하겠다는 것은 인터넷을 이용하는 모든 사람을 잠재적인 범죄자로 보는 것과 같은 행동이다. 게다가 실명제를 하면 개인정보를 웹사이트에 제공하게 되는데 그것은 해킹 등의 여러 가지 이유로 유출될 위험이 있다.

모범답안 – 짧은 글쓰기

현대인은 인터넷을 이용하여 실시간으로 정보를 얻을 수 있을 뿐만 아니라 자신의 생각을 타인과 공유할 수 있다. 그런데 익명성을 악용해서 거짓 정보를 퍼뜨리거나 타인에게 욕설을 하는 경우도 적지 않다. 이런 이유로 인터넷 실명제가 도입되었다. 인터넷 실명제는 거짓 정보나 타인에 대한 욕설을 막을 수 있다는 점에서 유익하지만, 표현의 자유 침해와 개인정보의 유출 위험을 안고 있다. 따라서 올바른 인터넷 사용을 위해서는 사용자가 타인에 대한 배려와 자신의 행동에 대한 책임감을 먼저 깨닫는 것이 중요하다. (총283자)

모범답안 – 긴 글쓰기

〈인터넷 실명제와 표현의 자유〉

[반드시 들어가야 할 중심 내용]
(1) 인터넷과 현대 생활의 관계
(2) 인터넷의 역기능
(3) 올바른 인터넷 문화 정착을 위한 방법

인터넷은 현대인의 생활에 깊숙이 침투해 있다. 현대인은 인터넷을 통해 실시간으로 필요한 정보를 얻고 있을 뿐만 아니라, 인터넷을 통한 교감도 하고 있는 만큼 인터넷은 현대인과 떼려야 뗄 수 없는 관계에 있다고 할 수 있다. 인터넷에서는 서로 솔직한 의견을 실시간으로 나누면서 여론을 형성하게 된다.

그러나 인터넷에는 근거가 없는 이야기가 진실인양 퍼지곤 한다. 이와 같은 무책임한 글들로 인해 잘못된 여론이 형성되고 이로 인해 관련 개인이나 기업이 타격을 입게 되는 경우도 있다. 예를 들면, 불량식품을 만든 회사 이름이 잘못 알려져 회사가 파산하고 이

회사에서 근무하던 수많은 사원들이 하루아침에 직장을 잃게 되기도 하고, 잘못된 소문으로 인한 사람들이 악플에 고통을 받던 개인이 그 고통을 견디지 못하고 자살하기도 한다.

  이와 같은 인터넷의 폐해를 막기 위해 한국을 비롯한 일부 국가에서는 인터네 실명제를 실시하고 있다. 그러나 인터넷 실명제는 개인 정보가 유출되는 주요 원인일 뿐만 아니라 무엇보다도 개인의 표현의 자유를 침해한다는 점에서 올바른 방법은 아니라고 생각한다. 올바른 인터넷 문화를 정착시키기 위해서는 타인에 대한 배려심과 자신의 말에 대한 책임감을 갖도록 교육하는 것이 무엇보다도 중요하다고 생각한다. 또한 잘못된 정보와 바른 정보를 가려냄으로써 인터넷 사용자들 스스로가 올바른 여론을 형성할 수 있도록 해야 할 것이다. (총699자)

제9과. 인간이 인간의 생존을 결정할 권리가 있는가?

1. 유형 연습 예시 답안

1. ㉠ 운행하지 않습니다.
   ㉡ 다른 버스를 이용해 주시기 바랍니다.
2. ㉠ 많은 이용을 부탁드립니다.
   ㉡ 다른 날에는 정상영업 합니다.
3. ㉠ 자신의 생명으로써 이를 갚아야만 했다.
   ㉡ 다른 소유물처럼 왕이나 권력자의 마음대로 할 수 있었다.
4. ㉠ 누구에게나 생명의 가치는 동일하다.
   ㉡ 아직까지 사형제를 유지하고 있는 나라도 있다.

2. 생각해 보기 예시 답안

생각해 보기 1

그렇다. 무기징역이라면 사형을 당하지 않는 것이 확실해진다. 살인을 저질러도 사형을 당하지 않는다는 것을 알게 되면 같은 범죄가 계속 발생할 것이다. 이런 범죄를 막기 위해서는 강한 처벌을 해야만 한다.

그렇지 않다. 평생을 감옥 속에서 살아야 하는 것은 더 큰 형벌일 수 있다. 감옥 속에서 평생을 죄에 대해 생각하며 속죄하는 삶을 살아야만 한다.

생각해 보기 2

사형제를 통해 얻을 수 있는 이득이 거의 없기 때문이다. 그리고 비인간적이기 때문이다.

모범답안 – 짧은 글쓰기

　흉악한 범죄가 발생하면 사형제를 찬성하는 주장이 늘어난다. 사형에 대한 두려움 때문에 흉악범죄가 줄어든다는 것이다. 또한 흉악범죄에 대해 분노하는 여론은 사형으로써 심판해야 한다는 목소리로 이어진다. 하지만 사형도 살인이므로 이에 따른 부작용이 따르게 된다. 사형집행인이 정신적 충격을 받을 수도 있다. 더구나 잘못된 판결이었을 경우 사형이 집행되고 나면 돌이킬 수 없다. 따라서 여론 때문에 사형제를 유지하기보다는, 사형제를 유지함으로써 얻을 수 있는 이득이 정말 있는지 냉정하게 따져볼 필요가 있다. (공백 포함 282자)

모범답안 – 긴 글쓰기

> 　끔찍한 살인을 저지른 범죄자는 사형을 시켜야 한다는 목소리가 높습니다. 하지만 사형은 문제가 많으므로 폐지되어야 한다는 주장도 많습니다. '사형제'에 대한 여러분의 견해를 아래의 내용을 중심으로 쓰십시오.
>
> [반드시 들어가야 할 중심 내용]
> (1) 사형제도를 유지하자는 주장의 근거는 무엇인가
> (2) 사형제도를 폐지하자는 주장의 근거는 무엇인가
> (3) 사형제도에 대한 자신의 의견을 서술하시오

　'눈에는 눈, 이에는 이'라는 말이 있다. 죄를 지은 자는 지은 죄와 동일한 벌을 받아야 한다는 뜻이다. 마찬가지로 살인 같은 큰 죄를 지었을 때 목숨으로써 그 죗값을 치르는 것이 사형제이다. 사형제에 찬성하는 사람들은, 사형에 대한 두려움 때문에 누구도 살인 같은 범죄를 쉽게 저지르지 못할 것이므로 사형제가 필요하다고 주장한다.

　그러나 사형제 역시 사람의 생명을 빼앗는 일이다. 사람은 누구나 인권을 가지고 있고, 그 중에 생명권이 가장 중요하다. 물론 범죄자에게는 인권이 없다고 주장하는 사람도 있다. 하지만 인권은 누구나 태어나면서부터 갖는 것이지 우리가 주고 말고 할 수 있는 것이 아니다. 만약 우리가 사람의 생명권을 빼앗을 수 있다면, 언제 무슨 이유로 그럴 수 있는지 기준을 명확히 세워야 하는데 그것은 매우 어렵다. 실수로 잘못 판단할 수도 있고, 악용될 가능성도 있다.

살인자의 처벌 문제에 대해 우리는 감정적으로 판단하기 쉽다. 하지만 한 사람의 생명을 빼앗는 일이니만큼 냉정하게 사형제의 필요성에 대해 검토해야 한다. 참고로 사형제를 유지하고 있는 나라들의 범죄율이 그렇지 않은 나라들에 비해 낮지도 않다고 한다. 그렇다면 사형제를 유지해야 할 중요한 이유가 없어지는 것이다. 사형제를 유지함으로써 우리가 얻는 것보다 잃는 것이 더 많다면 다른 대안을 찾는 것이 옳다고 생각한다.
(공백 포함 678자)

 ## 제10과. 아이디어도 재산이 될 수 있는가?

1. 유형 연습 예시 답안

1. ㉠ 접수하시기 바랍니다. / 참가 신청을 하시기 바랍니다.
   ㉡ 문화센터로 직접 오셔야 합니다. (직접 오셔서 접수하셔야 합니다.)
2. ㉠ 수요일에 경비실 앞으로 가지고 오시기 바랍니다.
   ㉡ 어려운 이웃들을 돕는데 사용할 것입니다.
3. ㉠ 물건을 훔치는 것과 같은 것이다.
   ㉡ 다른 사람의 아이디어나 창작물을 사용할 때는 주의를 해야 할 것이다. / 다른 사람의 저작물을 이용할 때는 조심해야 할 것이다.
4. ㉠ 법을 지키는 사람의 마음이 가장 중요하다.
   ㉡ 강력한 법이 만들어져도 그것을 지키는 사람이 없으면 소용이 없기 때문이다. / 법을 강력하게 만들어도 사람이 지키지 않는다면 불필요하기 때문이다.

2. 생각해 보기 예시 답안

생각해 보기 1

처음에 저작권은 '노래'나 '영화'와 같이 눈에 보이는 것만 해당된다고 생각했다. 하지만 책 속에 있는 글이나 인터넷에서 볼 수 있는 그림 등 우리가 저작권이 있는 것이라 생각하지 않는 것들 중에도 저작권에 해당하는 것이 많다는 것을 알게 되었다. 나도 모르게 다른 사람의 블로그나 카페에서 글을 가지고 온 경험이 있는데 이런 경우도 저작권 침해라고 볼 수 있는 것이다.

생각해 보기 2

저작권을 기부하는 사람은 공동의 발전을 더 생각하는 사람이라고 볼 수 있고, 침해하는 사람은 자신의 이익만 생각하는 사람이라고 볼 수 있다. 여러 사람을 위해 자신의 권리를 양보하는 사람과 자신의 이익을 위해 다른 사람의 권리를 침해하는 사람의 차이는 크다고 생각한다.

모범답안 – 짧은 글쓰기

　저작권을 지킨다는 것은 다른 사람의 창작물과 그에 대한 권리를 존중하는 것이다. 따라서 남의 창작물을 허락 없이 쓰거나 사고 파는 것은 저작권을 무시하는 행위이다. 저작권을 지키기 위해서 가장 필요한 것은 저작권에 대해 정확히 아는 것이다. 또한 저작권을 지키는 것이 더 많은 창작물을 만들 수 있는 좋은 방법이라는 것을 알고 저작권자의 권리와 창작물을 존중하는 태도를 가져야 한다. (공백 포함 213자)

모범답안 – 긴 글쓰기

> 　현대사회는 서로의 창작물을 존중하고 가치를 인정하는 저작권을 중요하게 생각합니다. 저작권을 지키고 개인의 창작물을 보호하기 위해 필요한 것이 무엇인지 아래의 내용을 중심으로 주장하는 글을 쓰십시오.
>
> [반드시 들어가야 할 중심 내용]
> (1) 현대사회에서 저작권의 의미는 무엇인가?
> (2) 저작권이 지켜지지 않았을 때 어떤 문제가 발생하는가?
> (3) 저작권을 지키기 위해서 필요한 것은 무엇인가?

　저작권이란 저작물을 만든 사람이 자신이 만든 저작물에 대해 갖는 권리를 말한다. 보통 책을 쓴 작가나 그림을 그린 화가, 음악을 만든 작곡가 등 자신의 생각과 감정을 표현한 것들은 모두 저작물이라고 할 수 있다. 저작권을 지킨다는 것은 개인의 창작물을 보호한다는 의미도 있지만 권리를 존중한다는 의미도 포함하고 있다.

　저작권에 대한 관심이 커진 만큼 저작권을 지키지 않는 '저작권 침해'도 사회적인 문제가 되고 있다. 예전에는 다른 사람이 만든 음악을 가져와 자신의 노래로 만드는 표절이 대표적인 '저작권 침해'라고 생각했다. 하지만 지금은 개인이 만든 창작물을 비롯해 텔레비전 프로그램이나 음원파일도 중요한 저작권 대상이 되고 있다. 저작권을 침해하는 행동은 저작권을 가지고 있는 사람의 이익만 뺏어가는 것으로 생각하기 쉽지만 저작자의 권리와 노력까지 가져갈 수 있다는 점이 더 큰 문제라고 할 수 있다. 저작권이 침해되면 사회에서 필요한 새로운 창작물을 만들려는 사람이 없어질 것이다.

　저작권이 지켜지기 위해서는 무엇보다 저작권의 중요성을 알리는 일부터 시작해야 한다. 학교에서부터 이런 교육이 이루어져야 할 것이고, 공익광고나 캠페인을 통해서도 알릴 수 있을 것이다. 저작권이 지켜졌을 때 개인의 소중한 권리도 지켜질 수 있을 것이고, '저작권 나눔'이나 '저작권 기부'와 같이 서로의 저작물을 공유할 수 있을 것이다. (공백 포함 684자)

---

*캠페인 : 어떤 특정한 여론을 만들거나 교육을 위해 신문이나 텔레비전 등을 이용하는 보도 활동을 말한다. 보통은 특별한 목적을 가지고 조직적으로 활동하는 것을 의미한다.

 제11과. 체육 교육의 효용성은 무엇인가?

1. 유형 연습 예시 답안

1. ㉠ 저에게는 소중한 물건이라 꼭 찾고 싶습니다. / 저에게는 소중한 물건입니다.
   ㉡ 발견하신 분이 있으면 전화해 주시기 바랍니다. / 보신 분은 전화해 주십시오.
2. ㉠ 학교에서도 가까울 뿐만 아니라 햇빛도 잘 듭니다. / 학교에서도 가까울 뿐더러 햇빛도 잘 듭니다.
   ㉡ 동물을 기르는 분은 들어오실 수 없습니다. / 동물을 키울 수 없습니다.
3. ㉠ 건강을 잃을 수도 있다.
   ㉡ 체육 교육은 하지 않고 대학 입시 준비에만 매달리고 있다.
4. ㉠ 공인으로서 갖는 사회적 책임이 있다. / 공인으로서 지켜야할 의무가 있다. / 공인으로서 다른 사람의 모범이 되어야 한다.
   ㉡ 인기가 많을수록 자신의 행동에 주의를 해야 한다. / 팬이 많을수록 모범이 되는 행동을 해야 한다.

2. 생각해 보기 예시 답안

생각해 보기 1

그렇다. 나이에 따라 체육 교육의 필요성이 달라진다. 왜냐하면 나이에 따라 체력이 달라지기 때문이다. 신체적 성장이 활발히 이루어지는 시기에는 체육 교육을 적극적으로 해야 하지만, 이미 신체적 성장이 멈춘 뒤에는 어느 정도 건강을 관리할 수 있을 정도의 가벼운 운동을 하는 것이 좋다고 생각한다.

그렇지 않다. 건강한 신체는 어느 특정 연령에만 요구되는 것은 아니다. 건강을 잃으면 기본적인 삶의 토대를 잃는 것인 만큼 남녀노소를 불문하고 신체적인 건강은 중요한 것이다.

생각해 보기 2

학년이 올라갈수록 학생들의 체력이 저하되고 있음을 알 수 있다.

모범답안 – 짧은 글쓰기

　현대 사회는 문명의 발달로 보다 편리한 생활이 가능해졌다. 그러나 생활이 편리해진 만큼 신체의 움직임이 줄어들었고 이로 인한 질병도 늘고 있다. 또 첨단기기 덕분에 혼자서도 많은 일을 처리할 수 있게 되면서 다른 사람과 함께 협동할 기회가 적어졌다. 몸을 움직이지 않으면서 신체적 건강이 악화되고, 혼자 있는 시간이 늘면서 정신적으로 고립감을 느끼는 문제는 현대문명의 발달로 인한 부정적 영향이다. 체육은 직접 몸을 움직여야 하고 동료와 함께 협력해야 하기 때문에 현대인의 신체적·정신적 건강을 지키기 위한 좋은 방법이라고 생각한다. (공백 포함 299자)

모범답안 – 긴 글쓰기

〈체육 교육의 필요성〉

[반드시 들어가야 할 중심 내용]
(1) 체육 교육이 왜 필요한가?
(2) 체육 교육을 통해 얻을 수 있는 효과는 무엇인가?

　사람의 몸과 정신의 건강은 따로 떼어서 생각할 수 없다. 몸과 정신, 두 가지 중에서 어느 한 쪽에만 치우쳐 교육을 한다면, 건강하게 성장하기는커녕 오히려 성장의 불균형으로 인해 더 큰 문제를 초래할 것이다. 따라서 지식의 축적만을 중시하는 요즘 시대에서야말로 예체능의 교육은 한층 요구된다고 생각한다.

　체육은 신체적 성정과 정신적 성장에도 도움이 된다. 학습자가 자신의 몸 상태를 스스로 살펴볼 수 있는 좋은 계기가 될 뿐만 아니라 자기 자신의 한계를 뛰어넘기 위해 노력하는 법을 배울 수 있기 때문이다. 나아가 친구와 함께 경기를 함으로써 배려심과 협동심, 그리고 정정당당하게 승부를 겨루고 자신의 패배를 인정하는 법도 배우게 된다. 따라서 체육은 몸과 마음이 성장하는 청소년기까지 빼놓을 수 없는 중요한 교육 과목이라고 생각한다.

　그런데 친구들과 동네에서 뛰어 놀면 된다는 생각으로 체육 교육에 반대하는 사람들이 있다. 이것은 입시 위주 교육을 지향하는 지금의 교육 현장의 문제점을 그대로 드러내는 주장이라고 생각한다. 청소년들의 지식과 신체의 균형 있는 성장을 위해서 학교 교육 중 일정 시간을 체육에 할애할 필요가 있다.

　요컨대 나이별 모든 교육 과정에 걸쳐서 체육 교육이 이루어진다면, 학생들의 정신과 몸이 균형감 있게 성장할 것이라고 생각한다. 그리고 이것은 우리 사회의 건전한 발전을 이끄는 원동력이 될 것이라고 생각한다. (총697자)

 제12과. 환경은 이용의 대상인가 보호의 대상인가?

1. 유형 연습 예시 답안

1. ㉠ 매우 불편합니다. / 정말 괴롭습니다. / 견디기 힘듭니다.
   ㉡ 이웃의 건강도 생각해 주세요.
2. ㉠ 다 같이 응원하러 가기로 했습니다.
   ㉡ 경기장으로 오시기 바랍니다.
3. ㉠ 화석 에너지는 고갈되어가고 있다.
   ㉡ 우리는 화석 에너지를 대신할 새로운 에너지원을 개발해야 한다. / 대체 에너지가 필요하다.
4. ㉠ 안전 문제가 해결되어야 한다.
   ㉡ 기술적으로 많은 어려움이 있다.

2. 생각해 보기 예시 답안

생각해 보기 1

원자력 발전이 위험하기 때문이다. 원자력 발전소가 안전하다고 전문가들이 주장했지만, 후쿠시마의 경우처럼 지진이나 쓰나미 같은 자연재해가 발생하면 원자력 발전소의 안전성을 보장할 수가 없다. 게다가 원자력 발전소는 문제가 생기면 큰 피해를 입을 가능성이 높다.

생각해 보기 2

1984년에 비해 2011년은 약 5배 정도 에너지 소비량이 증가했으며 그만큼 수입량도 증가했다. 이는 한국이 산업적으로 크게 발전했으며 그만큼 에너지의 수요가 많아졌기 때문이다. 현재 원자력에서 얻고 있는 에너지의 비중이 32%인데 이는 대략 한국에서 필요한 에너지의 1/3에 가깝다. 그만큼 한국이 원자력 에너지를 많이 필요로 한다는 것을 알 수 있다.

모범답안 – 짧은 글쓰기

　원자력은 적은 에너지로 많은 전기를 생산할 수 있으며, 석탄이나 석유 등 다른 화석 에너지에 비해 탄소 배출이 적어 깨끗하다. 하지만 전기를 생산하고 남은 방사능 폐기물은 매우 위험해서 처리하기가 어렵다. 그리고 원자력 발전소에 사고가 생기면 피해가 매우 클 가능성이 있다. 따라서 원자력 발전소를 계속 늘릴 생각만 하지 말고, 현재 운영하고 있는 원자력 발전소를 잘 관리하면서 동시에 원자력을 대체할만한 안전한 에너지원을 개발하기 위해 지속적으로 노력해야 한다. (공백 포함 260자)

모범답안 – 긴 글쓰기

〈원자력 에너지를 올바르게 사용하는 방법〉

[반드시 들어가야 할 중심 내용]
(1) 원자력 에너지가 왜 필요한가?
(2) 원자력 에너지의 문제점은 무엇인가?
(3) 원자력 에너지를 어떻게 사용하는 것이 좋은가?

　원자력 발전소를 짓는 데는 큰 비용과 기술이 필요하다. 하지만 한국과 같이 자원이 부족한 나라에서는 원자력 발전소가 큰 도움을 준다. 왜냐하면 일단 원자력 발전소를 지으면 적은 비용으로 많은 전기를 생산할 수 있기 때문이다. 더구나 기존의 화력 발전은 필요한 연료가 비싸기도 하고 환경을 많이 오염시키는 탓에 최근에는 화력 발전 대신 원자력 발전을 이용하려는 나라들이 늘고 있다.

　하지만 원자력은 큰 단점이 있다. 발전소에 혹시 사고라도 나면 그 피해는 상상을 초월한다. 물론 안전장치와 대비책을 마련했기 때문에 사고 가능성이 낮다고는 하지만, 지진이나 쓰나미 같은 자연재해는 막기 어렵다. 또한 원자력 발전에 쓰인 폐기물은 엄청난 방사능을 내뿜는데도 처리할 방법이 없어서 그냥 땅을 파서 묻는 수밖에 없다. 원자력 폐기물은 핵폭탄의 원료로 사용될 우려마저 있다.

　원자력 발전을 당장 그만둘 수는 없지만 많은 문제점이 있다는 것을 잊어서는 안 된다. 원자력의 장점만 강조하다 보면 원자력 사용이 계속해서 늘어날 것이고, 결국 원자력 에너지에만 의존하게 될 것이기 때문이다. 따라서 현재 필요한 원자력 발전은 유지하되, 원자력을 대신할 수 있는 안전하고 깨끗한 친환경 에너지를 개발하기 위해 노력해야 한다. 결국 모든 원자력 발전소를 없애는 것을 목표로 삼고 노력해야만 미래의 우리 후손들에게 깨끗한 지구를 물려 줄 수 있을 것이다. (공백 포함 692자)

350